U0036370

依據國教院最新「國民小學科技教育及資訊教育課程發展參考說明」

課別	課程名稱	學習重點 - 學習
一	報告老師！ 我要學 Excel	資議 t-III-1　運用常見的資訊系統。 資議 t-III-3　運用運算思維解決問題。 資議 a-III-1　理解資訊科技於日常生活之重要性。 數學 r-III-3　觀察情境或模式中的數量關係，並用文字或符號正確表述，協助推理與解題。 英語 4-III-5　能正確使用大小寫及簡易的標點符號。
二	我把聯絡單 變漂亮啦！	資議 p-III-2　使用數位資源的整理方法。 資議 a-III-4　展現學習資訊科技的正向態度。 藝術 1-III-2　能使用視覺元素和構成要素，探索創作歷程。 綜合 2d-III-1 運用美感與創意，解決生活問題，豐富生活內涵。
三	我的行程小秘書 (行事曆)	資議 a-III-3　遵守資訊倫理與資訊科技使用的相關規範。 資議 t-III-3　運用運算思維解決問題。 數學 r-III-3　觀察情境或模式中的數量關係，並用文字或符號正確表述，協助推理與解題。 藝術 1-III-2　能使用視覺元素和構成要素，探索創作歷程。
四	本日收支算一算 (記帳本)	資議 t-III-2　運用資訊科技解決生活中的問題。 資議 t-III-3　運用運算思維解決問題。 數學 r-III-3　觀察情境或模式中的數量關係，並用文字或符號正確表述，協助推理與解題。 數學 n-III-9　理解比例關係的意義，並能據以觀察、表述、計算與解題，如比率、比例尺、速度、基準量等。 綜合 2c-III-1 分析與判讀各類資源，規劃策略以解決日常生活的問題。
五	給自己加加油 (成績單)	資議 t-III-3　運用運算思維解決問題。 資議 p-III-2　使用數位資源的整理方法。 綜合 2c-III-1 分析與判讀各類資源，規劃策略以解決日常生活的問題。 數學 r-III-3　觀察情境或模式中的數量關係，並用文字或符號正確表述，協助推理與解題。
六	身體質量大調查 (BMI 統計分析表)	資議 t-III-3　運用運算思維解決問題。 資議 p-III-2　使用數位資源的整理方法。 健體 2b-III-1 認同健康的生活規範、態度與價值觀。 數學 r-III-3　觀察情境或模式中的數量關係，並用文字或符號正確表述，協助推理與解題。
七	超級比一比 (統計表變圖表)	資議 t-III-3　運用運算思維解決問題。 資議 p-III-2　使用數位資源的整理方法。 健體 2b-III-1 認同健康的生活規範、態度與價值觀。 數學 d-III-1　報讀圓形圖，製作折線圖與圓形圖，並據以做簡單推論。
八	英文單字小博士 (測驗卷)	資議 p-III-1　使用資訊科技與他人溝通互動。 資議 p-III-2　使用數位資源的整理方法。 資議 p-III-3　運用資訊科技分享學習資源與心得。 英語 4-III-3　能拼寫國小階段基本常用字詞。 綜合 2c-III-1 分析與判讀各類資源，規劃策略以解決日常生活的問題。

本書學習資源

行動學習電子書

完全教學網站

第1課 -

📥 本課範例素材

單元	頁次	教學與學習活動
1-1	P08	什麼是【Excel】
1-2	P11	常見的試算表軟體
1-3	P12	認識 Excel 操作介面
1-4	P14	檢視模式與顯示比例
1-5	P16	認識【儲存格】
1-6	P17	小試身手-班級幹部聯絡單
1-7	P24	Excel 初體驗
	P26	練功囉

影音、動畫‧高品質教學

模擬介面‧互動學習

測驗遊戲‧總結性評量

根據十二年國教新課綱編寫，統整式課程設計。

校園國小

全書範例

第5課　第6課　第7課　第8課

教學工具

! 我要學Excel

- ◆ 認識【Excel】試算表軟體
- ◆ 知道檢視模式與顯示比例
- ◆ 學會輸入資料與基本編輯
- ◆ 體驗試算(乘法)功能

▶ 全課播放

課程資源	播放檔	時間
	▶	00:47
	▶	00:39
認識 Excel 2019 介面	▶	01:14
	▶	03:08
儲存格編號考考你	▶	03:22
	▶	06:21
	▶	02:29
測驗遊戲	-	-

教學小工具 (可收合)

課程遊戲・高學習動機

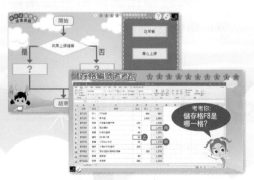

目錄

統整課程

④ 本日收支算一算 - 記帳本

數學 綜合

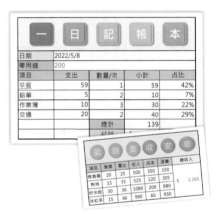

⑤ 給自己加加油 - 成績單

數學 綜合

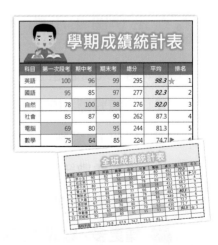

1 報告老師！我要學 Excel

- 認識 Excel 與小試身手

班級幹部聯絡單

編號	職		e-mail
1			501@gmail.com
2	風紀股長	陳胖虎	chen20170505@gmail.com
3	學藝股長	林靜香	lin20170507@gmail.com
4	衛生股長	李小夫	lee20170515@gmail.com
5	總務股長	張世修	chang20170523@gmail.com

統整課程

數學　英語

核心概念

◎ 能進行資料蒐集與處理
◎ 能將資料有系統地呈現
◎ 理解資料於生活中的運用

課程重點

◎ 認識【Excel】試算表軟體
◎ 知道檢視模式與顯示比例
◎ 學會輸入資料與基本編輯
◎ 體驗試算 (乘法) 功能

什麼是【Excel】

【Excel】是一款試算表軟體。它能表格化清楚的記錄、分類、整理各種資料,並具有強大的計算、統計、分析功能,加減乘除對它來說,是輕而易舉的事;還有各式的圖表類型,能讓資料靈活呈現。

用 Excel 可以做什麼

做紀錄與行程表

資料分享

雲端運用
(存取、編輯、共享)

報告老師！
我要學Excel

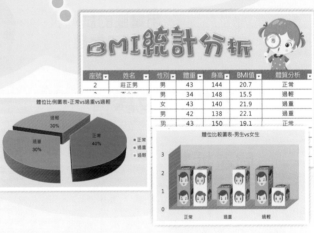

做分析、篩選與比較

做統計與計算

做測驗遊戲

◎ Excel 與【運算思維】

　　【運算思維】就是用電腦邏輯來【解決問題】的思維。以 Excel 來說，我們可以善用 Excel 強大的運算及表格功能，來解決日常生活上的問題。

> 這次本班園遊會想賣紅茶，要準備多少材料才夠呢？
> 如果是下雨天，會不會準備太多呀？

> 用電腦的試算表來解決問題！

	A	B	C	D	E
1	園遊會紅茶材料準備 - 晴天 vs 陰天 vs 雨天				
2					
3		數字變動	茶包	水	杯子
4	規律比例		1	500	5
5					
6	晴天	12	12	6000	60
7	陰天	9	9	4500	45
8	雨天	5	5	2500	25
9					
10	變動晴天、陰天、雨天數字，可自動計算出需要準備多少材料！				

運算思維四步驟：

問題拆解	準備材料 - 茶包、水、杯子。 天氣狀況 - 晴天、陰天、雨天。

▼

找出規律	比例 - 1 (茶包) : 500 (水) : 5 (杯子)

▼

表徵問題	1 : 500 : 5 、　　　　2 : 1000 : 10 、 3 : 1500 : 15 ...

▼

問題拆解	用 Excel 來試算，選擇晴天、陰天、雨天的數字變化。

2 常見的試算表軟體

常見的試算表軟體有【Excel】、【Calc】與【Google 試算表】。

◎ Excel

【Excel】是微軟 Office 系列中的試算表軟體，本書中使用的版本是【Office 2019】。

> 目前 Excel 的使用者比較多！

◎ Calc

LibreOffice 系列的試算表軟體叫【Calc】。是免費的自由軟體，功能與 Excel 類似。

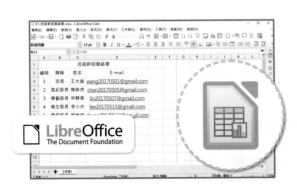

◎ Google 試算表

是【Google】提供的線上試算服務。免安裝軟體，以 Google 帳號登入，就能在任何能上網的電腦使用。

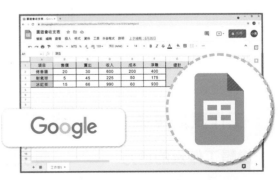

認識 Excel 操作介面

依照老師指示，按 ⊞，點選 ⊠ Excel，啟動軟體。

1 快速存取工具列 ❶
可將常用按鈕放置於此，快速選用

2 檔案鈕 ❷
新增、開啟舊檔、儲存檔案...等

資訊
新增
開啟舊檔
儲存檔案

3 功能標籤
常用、插入、公式...等標籤

4 功能按鈕
對應標籤，顯示功能按鈕

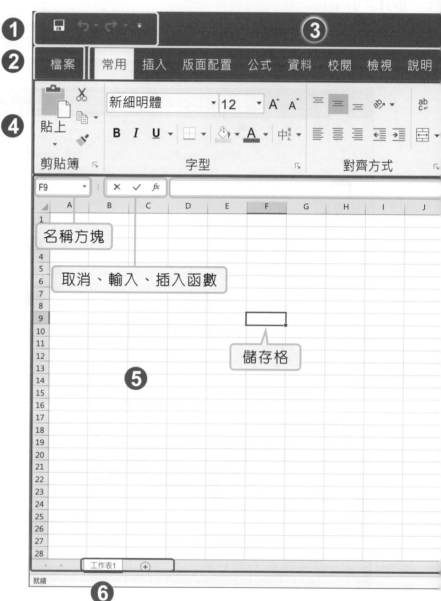

名稱方塊

取消、輸入、插入函數

儲存格

❺

工作表1 ⊕

就緒

❻

5 工作表編輯區
編輯工作表的地方

6 工作表切換區
顯示工作表頁數、新增工作表

一起來學 Excel！

資料編輯列

小提示

Excel 的功能按鈕，會因使用者開啟的視窗大小不同，而呈現出不同大小的按鈕圖形。例：

7 特殊鈕

Ⓐ 隱藏【功能按鈕】
按1下 ⌃ 隱藏

Ⓑ 顯示【功能按鈕】
按 ⬆，點選 ▣

自動隱藏功能區
隱藏功能區。若要顯示功能區，請點選應用程式頂端。

顯示索引標籤
只顯示功能區索引標籤。若要顯示命令，請按一下索引標籤。

顯示索引標籤和命令
一律顯示功能區索引標籤和命令。

8 檢視模式鈕

切換各種文件檢視模式

▦ 標準模式
▤ 整頁模式
▥ 分頁預覽

9 顯示比例

設定編輯區的比例大小

– ▬ + 100%

Excel 是由一到多張的【工作表】所組成；它的基本單位是【儲存格】，你可以將資料或公式輸入到儲存格中。
(在本課第16頁會有進一步的介紹。)

檢視模式與顯示比例

Excel 提供三種【檢視模式】，讓你在編輯工作表時，依需要來切換！另外你也可以在任何模式下，放大或縮小【顯示比例】喔！

檢視模式

▶ 標準模式

最常使用的模式。
版面大，在編輯大量資料時，非常便利。

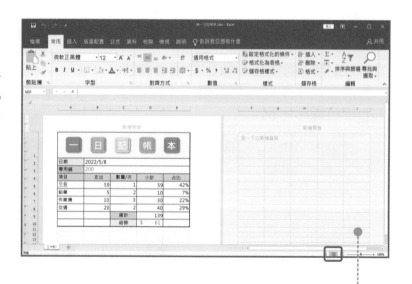

▶ 整頁模式

以一頁一頁的方式呈現，有助於整體檢視與編輯，也最接近列印時的外觀。

 老師說

在【整頁模式】時，空白的頁面會顯示為淺灰色。點一下淺灰色頁面就可以在上面編輯喔！

▶ **分頁預覽**

顯示文件的列印範圍
與浮水印頁碼。
拖曳分隔線可調整列
印時分頁的位置。

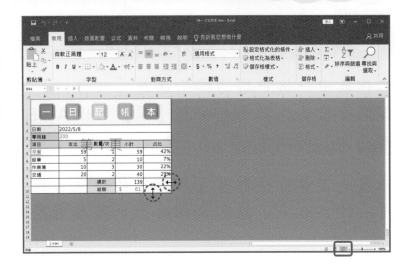

顯示比例

可調整編輯區的顯示大小。

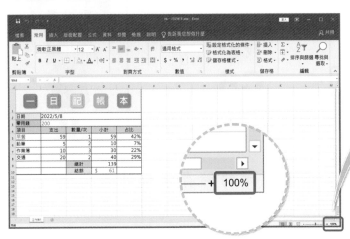

1️⃣ 按右下角的【縮放比例】。

2️⃣ 點選想要的比例 (或輸入
想要的百分比數字)，再
按【確定】。

- 移動游標到想放大的區域上，按
  住 Ctrl，再滾動滑鼠滾輪，也可
  調整顯示比例。

- 拖曳顯示比例鈕，可以進行手動
  調整。

- 按 − 或 + 也可以縮放喔！

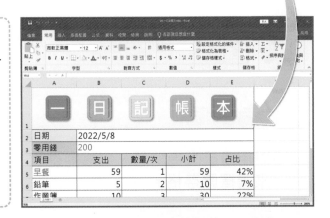

5 認識【儲存格】

工作表中一格一格的格子就是【儲存格】。以工作表左上角第一個儲存格為原點，直向為【欄】，以Ａ、Ｂ、Ｃ...來表示；橫向則為【列】，以１、２、３...來表示。

而每一個儲存格都有自己特定的位址名稱，它會顯示在頁面左上角名稱方塊中。設定公式時，一定要對應位址才能讓公式運作。

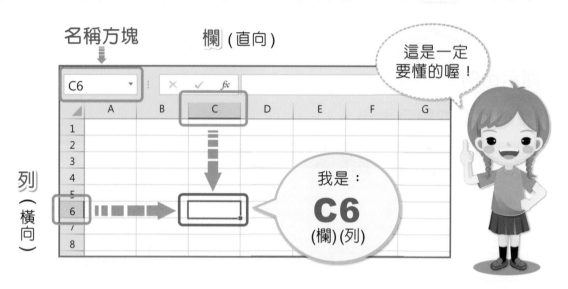

我在哪裡？試著填入下方標示的儲存格位址名稱吧！

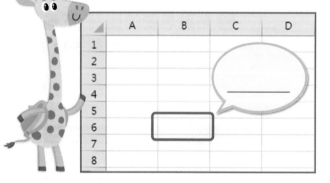

 老師說

可以用滑鼠直接點選、或移動鍵盤上、下、左、右鍵，來選擇儲存格。

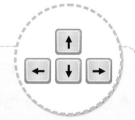

6 小試身手 – 班級幹部聯絡單

現在讓我們來練習 Excel 基本的資料輸入，將資料表格化，編輯一份【班級幹部聯絡單】吧！

班級幹部聯絡單			
編號	職稱	姓名	E-mail
1	班長	王大雄	wang20170501@gmail.com
2	風紀股長	陳胖虎	chen20170505@gmail.com
3	學藝股長	林靜香	lin20170507@gmail.com
4	衛生股長	李小夫	lee20170515@gmail.com
5	總務股長	張世修	chang20170523@gmail.com

也可以用自己班上的實際名單來製作喔！

🎯 輸入資料與跨欄置中

❶ 啟動 Excel，點1下【A1】儲存格，輸入【班級幹部聯絡單】，再按 Enter 鍵確認

想修改儲存格裡的資料，該怎麼做呢？

老師說

如何修改儲存格裡的資料

點 1 下儲存格，就可以 Ⓐ 直接在儲存格上，或 Ⓑ 到上方【資料編輯列】修改資料喔！

2
依序在 A2、B2、C2、D2
儲存格中，輸入圖示資料

A2 - 編號　B2 - 職稱
C2 - 姓名　D2 - E-mail

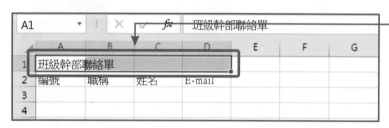

3
游標移到 A1 儲存格上，
按住左鍵不放、向右拖曳
到 D1，將【A1~D1】儲
存格都選起來

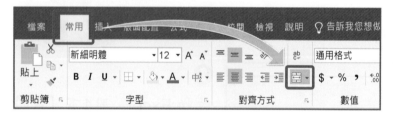

4
按【常用】標籤，再按一
下 ⊟【跨欄置中】

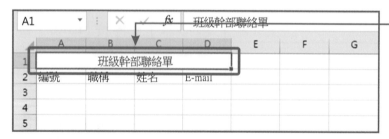

5
資料就跨欄置中於選取的
儲存格囉！

小提示

再按一次 ⊟，就可恢復
原來的狀態。

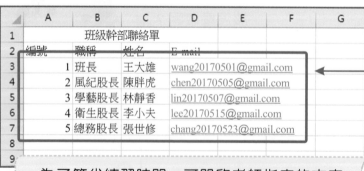

6
接著利用一點時間，在圖
示儲存格輸入圖示資料

為了節省練習時間，可開啓老師指定的文字
檔，用下列 複製/貼上 的技巧，完成輸入：

1. 選取、複製文字檔文字　　2. 到 Excel 中點一下儲存格
3. 在資料編輯列上點一下　　4. 貼上文字　　5. 按【 ✓ 】

◎ 調整欄寬與設定列高

當資料超出儲存格寬度跑出格外 (或被右方的資料蓋住) 時，這時就用【自動調整欄寬】來修正吧！

1 游標移到工作表左上方，點1下 ◢ (全選工作表)

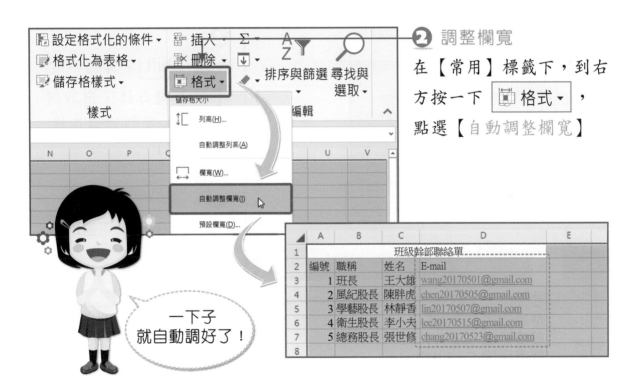

2 調整欄寬

在【常用】標籤下，到右方按一下 ▦ 格式▾ ，點選【自動調整欄寬】

一下子就自動調好了！

3 設定列高

再按一次 ▦ 格式▾ ，點選【列高】

④ 輸入【30】，按【確定】

🎯 設定字型與置中對齊

	A	B	C	D	E	F
1			班級幹部聯絡單			
2	編號	職稱	姓名	E-mail		
3	1	班長	王大雄	wang20170501@gmail.com		

① 點1下選取【班級幹部聯絡單】儲存格

	A	B	C	D	E	F
1			班級幹部聯絡單			
2	編號	職稱	姓名	E-mail		
3	1	班長	王大雄	wang20170501@gmail.com		
4	2	風紀股長	陳胖虎	chen20170505@gmail.com		
5	3	學藝股長	林靜香	lin20170507@gmail.com		
6	4	衛生股長	李小夫	lee20170515@gmail.com		
7	5	總務股長	張世修	chang20170523@gmail.com		

② 按住 Shift ，再點一下【D7】儲存格，選取所有已輸入資料的儲存格 (A1~D7)

小提示

按住 Ctrl ，可選取不連續儲存格。

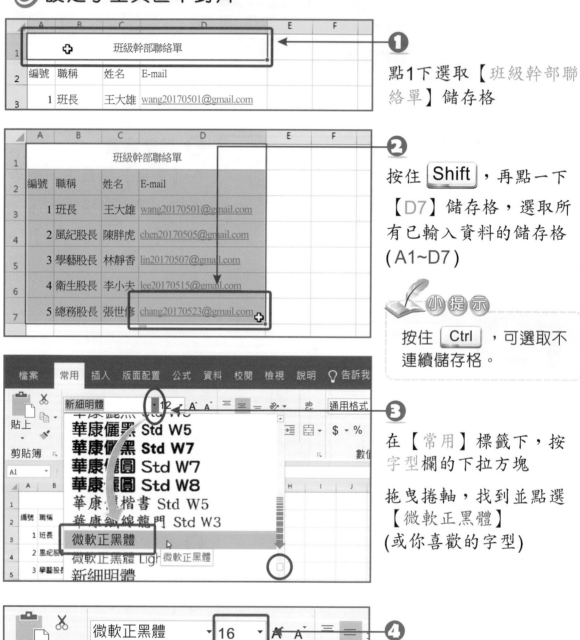

③ 在【常用】標籤下，按字型欄的下拉方塊

拖曳捲軸，找到並點選【微軟正黑體】(或你喜歡的字型)

④ 字型大小設定為【16】

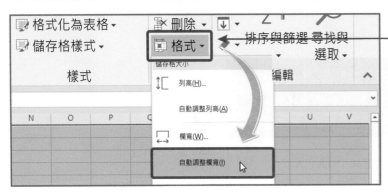

❺

更改字型與大小，可能會改變欄寬

讓我們再按一次 格式▾ ，點選【自動調整欄寬】

❻

點選【編號】(A2)儲存格，並將游標停留在該儲存格上

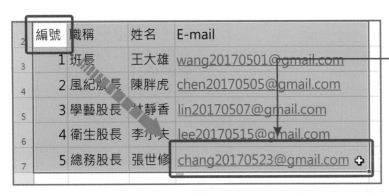

❼

按住滑鼠左鍵，拖曳移動游標到【D7】儲存格，選取 A2~D7 儲存格

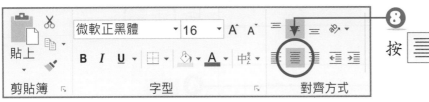

❽

按 ☰ 【置中】

	班級幹部聯絡單		
編號	職稱	姓名	E-mail
1	班長	王大雄	wang20170501@gmail.com
2	風紀股長	陳胖虎	chen20170505@gmail.com
3	學藝股長	林靜香	lin20170507@gmail.com
4	衛生股長	李小夫	lee20170515@gmail.com
5	總務股長	張世修	chang20170523@gmail.com

❾

最後在其他任一空白儲存格上點1下，就完成設定囉！

調整好欄寬與列高，變得好閱讀多了！

🎯 儲存檔案

① 按【檔案】

② 第一次存檔，按【儲存檔案】

> 若想將檔案另外命名，或儲存到其他資料夾，就要按【另存新檔】，才不會覆蓋原檔案。

③ 按【瀏覽】

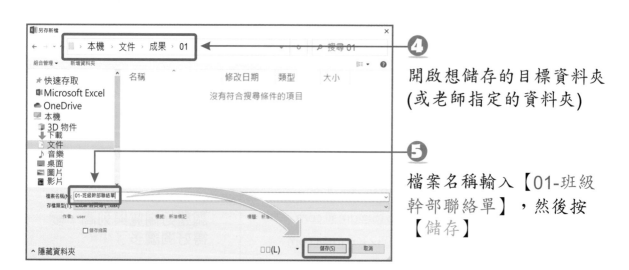

④ 開啟想儲存的目標資料夾(或老師指定的資料夾)

⑤ 檔案名稱輸入【01-班級幹部聯絡單】，然後按【儲存】

開啟儲存資料夾，就會看到儲存的檔案囉！

Excel 2019 版本的檔案格式為【.xlsx】。

(97-2003 舊版本的檔案格式為【.xls】)

	A	B	C	D
1			班級幹部聯絡單	
2	編號	職稱	姓名	E-mail
3	1	班長	王大雄	wang20170501@gmail.com
4	2	風紀股長	陳胖虎	chen20170505@gmail.com
5	3	學藝股長	林靜香	lin20170507@gmail.com
6	4	衛生股長	李小夫	lee20170515@gmail.com
7	5	總務股長	張世修	chang20170523@gmail.com

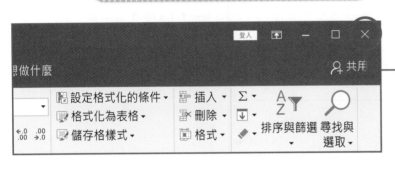

最後到右上方按 ⊠，關閉 Excel 軟體

耶！完成！

下一課讓我們來美化這份聯絡單吧！

老師說

如果只想關閉目前的檔案 (不關閉 Excel)，可以按【檔案】，點選【關閉】。

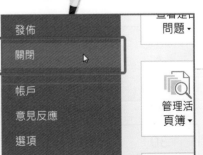

7 Excel 初體驗

除了表格的設計，Excel 快速、簡便的試算功能更是厲害；讓我們從最常用加、減、乘、除基本公式中的乘法為例，搶先來體驗吧！

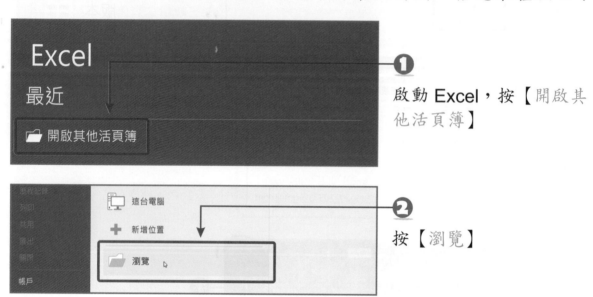

1 啟動 Excel，按【開啟其他活頁簿】

2 按【瀏覽】

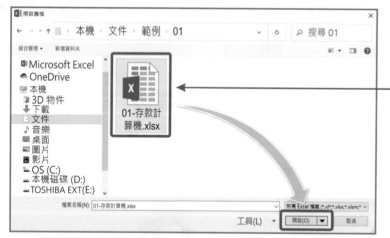

3 點選老師指定的檔案 (01-存款計算機.xlsx)，然後按【開啟】

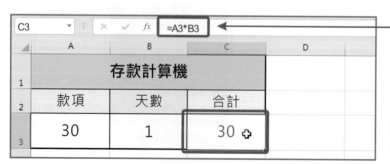

4 這是一份有【乘法】公式的試算表喔！

> 1天存30元，存款有30元。
> 款項(30) x 天數(1) = 合計(30)

如果1天想存45元，7天之後，會有多少的存款呢？只要更改款項、天數等數值，Excel設定的公式，會自動快速地幫你完成計算喔！

➊

點1下【A3】儲存格，輸入 (更改) 數字為【45】，然後按 Enter 確認

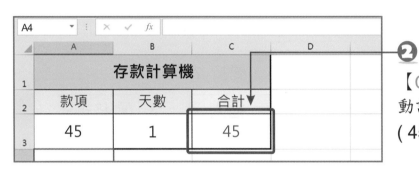

➋

【C3】儲存格數字會自動計算，變成【45】
(45 x 1 = 45)

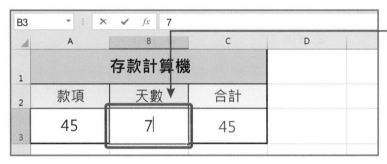

➌

點1下【B3】儲存格，輸入 (更改) 數字為【7】，然後按 Enter 確認

➍

【C3】儲存格數字會自動計算，變成【315】
(45 x 7 = 315)

這裡先讓同學們小小體驗一下乘法公式。
至於要如何設定加減乘除公式及函數，
在往後的課程裡，都會學到喔！

( ) 1 下列哪個不是試算表軟體？

1. Word　　　　　2. Excel　　　　　3. Calc

( ) 2 下列哪個是【標準模式】？

1. 　　　　2. 　　　　3.

( ) 3 想設定儲存格的欄寬與列高，要按？

1. 儲存格樣式▼　　2. 插入▼　　3. 格式▼

( ) 4 Excel 2019 的檔案格式是？

1. xlsx　　　　　2. xls　　　　　3. jpg

本課動畫遊戲測驗 ⋯⋯⋯⋯⋯⋯⋯⋯⋯⋯⋯⋯⋯⋯⋯

除了紙上練功囉，還有好玩的【動畫遊戲測驗】喔！

考考你！
看看有沒有認真學！

☐ 我通過測驗了！

2 我把聯絡單變漂亮啦!

- 美化聯絡單

統整課程

藝術　綜合

核心概念

◎ 能使用資訊科技表達想法

◎ 能使用資訊科技產出作品

課程重點

◎ 知道美化表格的方法

◎ 學會設定頁首與頁尾

◎ 學會設定儲存格與文字顏色

◎ 學會套用表格樣式

表格也可以很漂亮

表格可以讓資料清晰呈現、好閱讀,但毫無美化的表格,也往往顯得單調無趣!這一課就來學習如何美化它吧!

① 加入圖片

② 設定儲存格與文字色彩

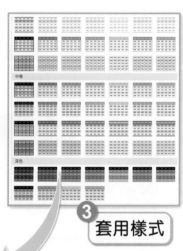

③ 套用樣式

班級幹部聯絡單

編號	職稱	姓名	E-mail
1	班長	王大雄	wang20170501@gmail.com
2	風紀股長	陳胖虎	chen20170505@gmail.com
3	學藝股長	林靜香	lin20170507@gmail.com
4	衛生股長	李小夫	lee20170515@gmail.com
5	總務股長	張世修	chang20170523@gmail.com

天靈靈地靈靈,我變我變我變變變!

單調的表格變得好漂亮啊!

班級幹部聯絡單

編號	職稱	姓名	E-mail
1	班長	王大雄	wang20170501@gmail.com
2	風紀股長	陳胖虎	chen20170505@gmail.com
3	學藝股長	林靜香	lin20170507@gmail.com
4	衛生股長	李小夫	lee20170515@gmail.com
5	總務股長	張世修	chang20170523@gmail.com

2 設定頁面大小與邊界

設定頁面大小與邊界，就是設定列印紙張的大小、直印或橫印、紙張留白的範圍，與版面在紙張上的位置。來練習設定一下！

開啟練習小檔案 (開啟舊檔)

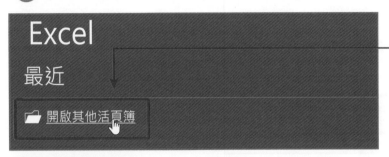

❶ 啟動 Excel，按【開啟其他活頁簿】

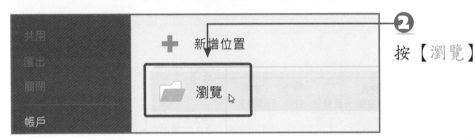

❷ 按【瀏覽】

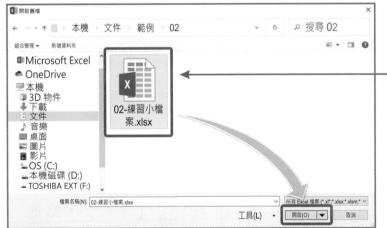

❸ 點選本課練習小檔案，或第1課練習成果，然後按【開啟】

 老師說

你也可以開啟檔案所在的資料夾，再快速點兩下檔案圖示，直接開啟檔案喔！

設定尺寸、方向與邊界

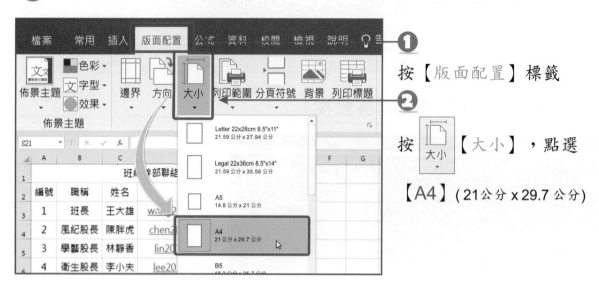

① 按【版面配置】標籤

② 按 【大小】，點選
【A4】(21公分 x 29.7 公分)

③ 按 【方向】，點選
【直向】

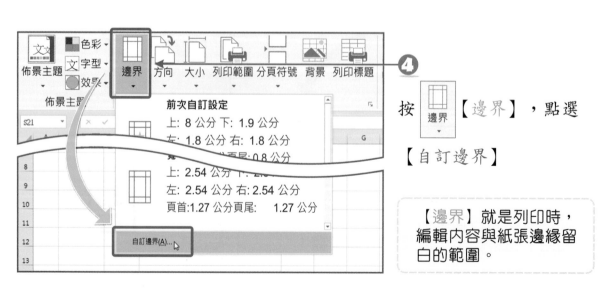

④ 按 【邊界】，點選
【自訂邊界】

> 【邊界】就是列印時，
> 編輯內容與紙張邊緣留
> 白的範圍。

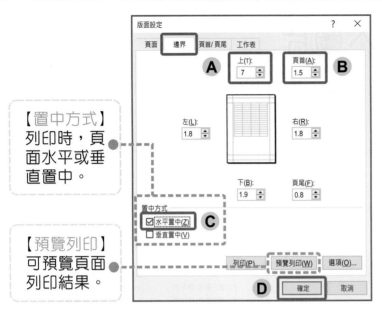

5

按【邊界】標籤,設定:

A 【上】設定為【7】

B 【頁首】設定為【1.5】

C 勾選【水平置中】

D 按【確定】

【置中方式】列印時,頁面水平或垂直置中。

【預覽列印】可預覽頁面列印結果。

小提示

這個設定是以本課的練習為主。
往後要編輯版面,應視實際需要來自訂喔!

以整頁模式檢視版面設定

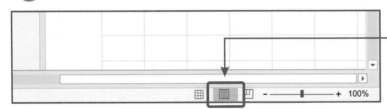

1 到右下方按 ▤ 【整頁模式】

2 拖曳右方與下方捲軸,就可以整頁檢視目前的版面設定囉!

老師說

選取想要細看的資料儲存格,再按右下方【100%】,然後點選【選取範圍最適化】,即可將被選取的區域放到最大喔!

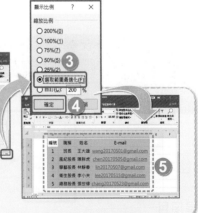

③ 在頁首插入圖片

在預先空出來的頁首區域插入一張圖片，設計出類似刊頭的視覺效果，就可以大幅美化單調的表格喔！

◎ 插入圖片

① 點1下頁首的左欄位

小提示

頁首與頁尾都有三個欄位，可以分別插入不同的圖案或資訊。

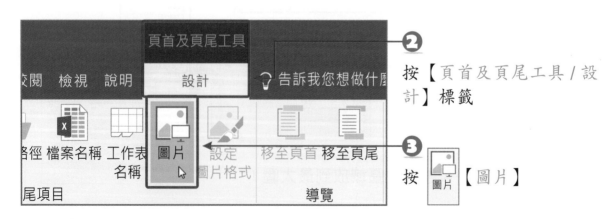

② 按【頁首及頁尾工具/設計】標籤

③ 按 【圖片】

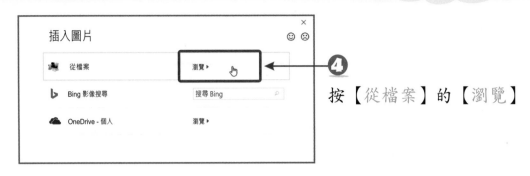

按【從檔案】的【瀏覽】

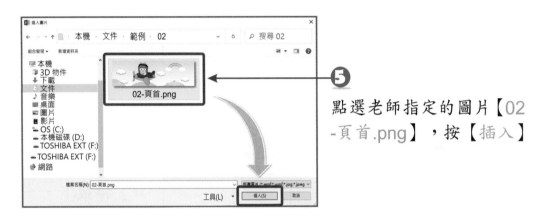

點選老師指定的圖片【02-頁首.png】，按【插入】

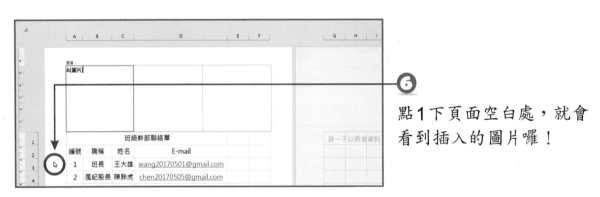

點1下頁面空白處，就會看到插入的圖片囉！

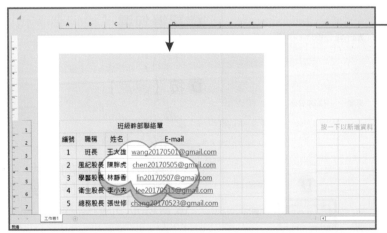

哇！圖片太大了，讓我們來調整一下吧！

小提示

仿照步驟①~⑥，選取其他的圖片，就可更換不同的頁首圖片囉！

調整頁首圖片的大小

❶ 點1下左上方欄位

❷ 在【頁首及頁尾工具／設計】標籤下，

按 ![設定圖片格式]【設定圖片格式】

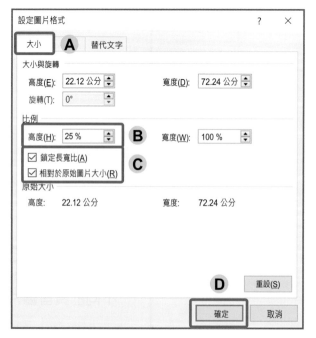

❸ 設定：

Ⓐ 按【大小】標籤

Ⓑ【高度】設定為【25 %】

Ⓒ 記得勾選【鎖定長寬比】與【相對於原始圖片大小】

Ⓓ 按【確定】

小提示

若使用自己準備的圖片，設定【比例】時，要依實際狀況調整喔！

4 在空白處點1下，就會看到圖片已縮小、完整顯示於頁首囉！

手動拖曳調整欄寬

1 游標移到上方【D】與【E】欄的分隔線上，直到變成 ✚

> 相同的技巧，也適用於手動調整列高喔！

2 按住左鍵、向右拖曳分隔線到大約貼齊圖片右緣

這樣，右方就不會有空白的欄位囉！

注意

> 萬一拖曳得太遠，讓版面跑到第2頁，就從第2頁上，將分隔線拖曳回來就好囉！

老師說

編輯表格時，除了用設定或拖曳方式調整欄寬，也可在分隔線上點2下，快速自動調整。

4 在頁尾插入頁碼

如果文件不只一頁，可以設定一下頁碼，在列印後能方便辨識頁面順序與裝訂！本課練習雖然只有一頁，但也來順便學一下吧！

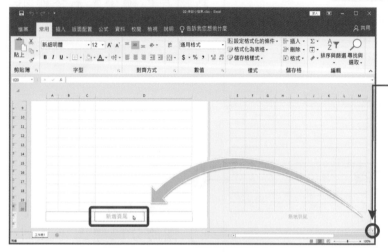

1 按幾下捲軸的 ▼，直到出現【新增頁尾】

接著點1下【新增頁尾】

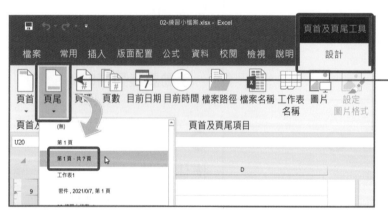

2 按【頁首及頁尾工具 / 設計】標籤，按【頁尾】，點選【第1頁，共?頁】

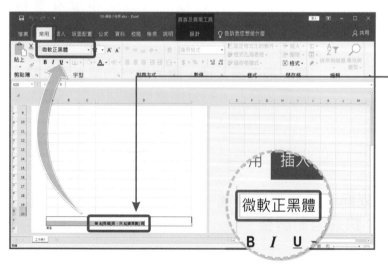

3 點選【第1頁，共1頁】，在【常用】標籤下，字型設為【微軟正黑體】

最後在空白處點1下，完成頁尾的編輯

5 設定儲存格與文字色彩

因應設定的底色，文字的顏色也可以改變，設定儲存格的底色，讓它更好閱讀！

班級幹部聯絡單 ➡ 班級幹部聯絡單

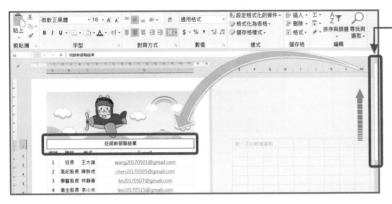

❶ 拖曳捲軸到最上方，然後點選【班級幹部聯絡單】儲存格

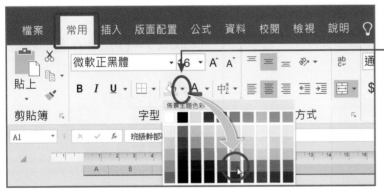

❷ 在【常用】標籤下，按 🎨▾ 的 ▾，點選 ■ 或其他深一點的顏色

班級幹部聯絡單

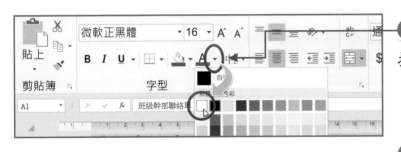

❸ 按 A▾ 的 ▾，點選 □

班級幹部聯絡單

❹ 最後再點1下 B【粗體】

班級幹部聯絡單

6 套用表格樣式

套用 Excel 內建的表格樣式，可以快速美化表格，省時又省力！
來看看怎麼做吧！

套用樣式

❶ 選取A2~D7儲存格

小提示

複選儲存格的方式，在第1課就學過囉！

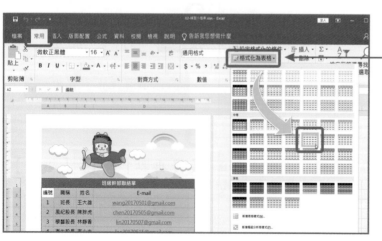

❷ 在【常用】標籤下，按

格式化為表格▾，

點選

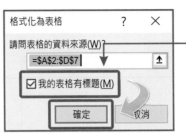

格式化為表格　？　✕

請問表格的資料來源(W)?

=$A$2:$D$7

☑ 我的表格有標題(M)

確定　取消

3 勾選【我的表格有標題】，按【確定】

4 表格若跨到第2頁，就往左稍微拖曳一下【D】欄與【E】欄的分隔線

小提示

萬一拖曳過大，使版面被過度擠縮，就按快速鍵 Ctrl + Z (復原)，再重新拖曳。

5 若有需要，可以繼續微調一下分隔線位置，使表格寬度約與頁首圖片一樣

 **老師說**

套用表格樣式後，會變成可以排序、篩選的表格資料 (按 ▼ 即可點選)。這在後面的課程，會有詳細介紹與練習。

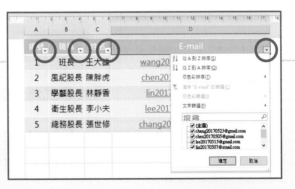

另存新檔

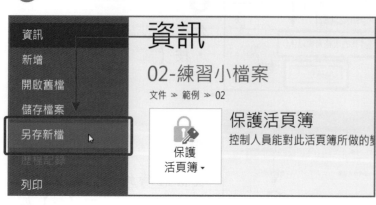

按【檔案】，點選【另存新檔】，命名為【02-班級幹部聯絡單-美化】，將成果儲存起來吧！

套用的表格樣式，轉換為一般樣式表格

套用表格樣式後，雖然會出現 ⬇ 按鈕，但實際在列印時，並不會把按鈕印出來喔！若你只想套用表格樣式，不要排序與篩選功能，可以這樣做：

❶拖曳選取有 ⬇ 的那一列 (A2~D2) 儲存格。

❷在選取範圍上按右鍵，點選【表格 / 轉換成範圍】。

❸按【是】。

❹按鈕就消失囉！

拖曳選取整個表格，再到【常用】標籤下，按 🧹▾【清除】的 ▾，點選【清除格式】，可以將表格恢復為一般資料表格喔！

Excel 加 油 站 — 如何修正儲存格不正常顯示

Excel 儲存格中，有幾種常見無法正常顯示的狀況，解決方法如下：

超過 11 個數字時，無法完整顯示： Excel 預設數字格式為【一般】，最多只可顯示 11 位數字。

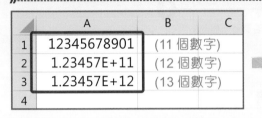

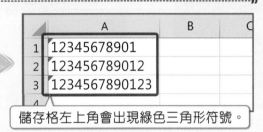

儲存格左上角會出現綠色三角形符號。

- 解決方法 1：將儲存格格式設為【文字】
  輸入前，先選取目標儲存格，在上面按右鍵，點選【儲存格格式】；再到【數值】標籤下，點選【文字】，按【確定】。接著，在儲存格中輸入長數字即可。

- 解決方法 2：使用單引號
  先在儲存格中輸入單引號【'】，再輸入長數字後，按 Enter 即可 (單引號會消失)。

以 0 為開頭的數字，預設會自動刪除 0： 當輸入零為開頭的數字 (例如：編號) 時，Excel 會依預設刪除零。

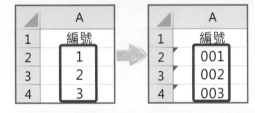

解決方法：
一樣在【儲存格格式】中，將【數值】設為【文字】，就可強制 Exccel 保留前置的字元零。

當欄寬不足，出現【#####】時： 當欄寬不足而無法顯示儲存格中所有的內容時，就可能會顯示 #####。

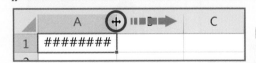

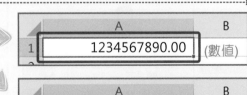

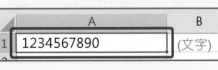

解決方法：
只要按兩下欄標題的右邊緣 或 拖曳增加欄寬，就可以完整顯示儲存格內容。

7 預覽與列印

聯絡單美化完成囉！預覽一下成果，如果沒有問題的話，就可以將它列印出來喔！

1 按【檔案】，點選【列印】

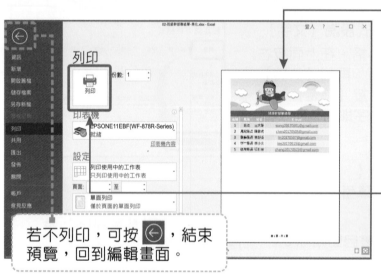

2 這裡可以預覽編輯的版面在紙張上的位置

> 預覽的版面，如果與編輯時的不太一樣，請看下方調整說明。

3 確定編排無誤後，按【列印】，就可以將檔案列印出來囉！

> 若不列印，可按 ←，結束預覽，回到編輯畫面。

注意

如果預覽時，發現版面與編輯的不太一樣，可以按 ←，回到編輯畫面，修改頁首圖片比例，或拖曳調整欄寬，再預覽列印，直到符合你想要的樣子。

狀況一　圖片沒對齊 ▶ 調整頁首圖片比例

狀況二　表格沒對齊 ▶ 調整欄寬

我 是 高 手 　　插入頁首圖片

也可以自己準備圖片來編輯喔!

開啟練習檔案,運用本課學到的技巧,在【進階練習圖庫】的【頁首圖片】中,選擇喜歡的圖片,製作一份【麻吉生日備忘卡】吧!

麻吉生日備忘卡		
姓名	生日	星座
莊大同	3月23日	牡羊座
林艾玉	4月7日	牡羊座
李小夫	5月5日	金牛座
何碧文	1月12日	摩羯座
曾正美	8月15日	獅子座
張小豪	12月22日	射手座

示範參考

示範參考

示範參考

進 階 練 習 圖 庫 　　頁首圖片

在本書光碟【進階練習圖庫】資料夾中,有很多【頁首圖片】提供給你做練習喔!

 練功囉

( ) **1** 在哪種檢視模式下，可編輯頁首與頁尾？

　　1.整頁模式　　　　　　　2.分頁預覽　　　　3.標準模式

( ) **2** 想在頁首插入圖片，要在哪個標籤下？

　　1.頁首及頁尾工具/設計　2.常用　　　　　　3.插入

( ) **3** 想設定頁首圖片大小，在【頁首及頁尾工具/設計】下要按？

　　1.圖片　　　　　　　　　2.設定圖片格式　　3.頁首

( ) **4** 想套用表格樣式，要至【常用】下，按哪個按鈕？

　　1.設定格式化的條件　　　2.儲存格樣式　　　3.格式化為表格

本 課 動 畫 遊 戲 測 驗

同學！快到【動畫測驗遊戲】來驗收學習成果吧！

快來闖關吧！

□　我通過測驗了！

3 我的行程小秘書

- 行事曆

統整課程

數學　藝術

核心概念

◎ 能使用資訊科技產出作品

◎ 認識數據、搜尋圖片技巧與日常應用

◎ 創用 CC 的分享方式

課程重點

◎ 學會設定各種填滿功能

◎ 學會編輯儲存格

◎ 學會設定表格框線

◎ 學會搜尋與插入線上圖片

1 行程活動不漏接

學校生活多彩多姿，每個月可能都會有很多行程或活動。
有時難免會記得這個、忘了那個…那該怎麼辦呢？用 Excel 來做個
【行事曆】就可以啦！

預先把這個月的
行程與活動紀錄起來，
一目了然不漏接！

星期日	星期一	星期二	星期三	星期四	星期五	星期六
					1	2
3	4兒童節	5清明節	6	7	8期中考	9去兒童新樂園
10看電影	11	12	13親師會	14	15小華生日	16
17	18	19	20數學小考	21	22	23
24	25	26	27	28校外教學要帶筆記本、彩色筆	29	30

可是要一個一個
輸入日期與數字，
感覺有點麻煩耶！

放心～
用【填滿】功能，
不管日期或數字，
一下子就完成啦！

2 自動填滿超給力

【填滿】是 Excel 中用來填入連續文字或數字的功能,例如甲乙丙丁、1 2 3 4 ... 等。只要輸入起始項目,再用拖、放的方式,就會自動產生其餘的項目,非常好用喔!

文字填滿

星期	英文星期	月份	連續文字
星期日	Sunday	一月	甲
星期一	Monday	二月	乙
星期二	Tuesday	三月	丙
星期三	Wednesday	四月	丁
星期四	Thursday	五月	戊
星期五	Friday	六月	己
星期六	Saturday	七月	庚
		八月	辛
		九月	
		十月	
		十一月	
		十二月	

自動填滿,超有效率!

還可設定自動填滿為等比數列喔!

數列填滿   將一連串數字做有次序的排列,就是數列

相同數列	等差數列(累加)	等差數列(遞減)	等比數列
1	1	14	2
1	3	11	6
1	5	8	18
1	7	5	54
1	9	2	162

相同數值

公差 +2

公差 -3

公比 x3

後項除以前項所得到的比值(公比)都相同

🎯 自動填滿星期

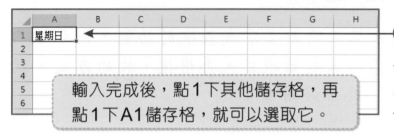

① 在 A1 儲存格內，輸入【星期日】，然後點選該儲存格

輸入完成後，點1下其他儲存格，再點1下A1儲存格，就可以選取它。

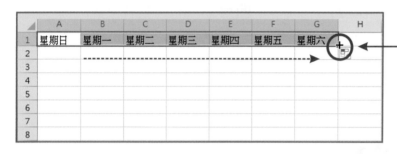

② 游標移到【星期日】儲存格右下角，直到變成 ✚

③ 按住左鍵，拖曳到 G1 儲存格(出現星期六)，然後放開左鍵，就依序自動填滿星期一至六

日	一	二	三	四	五	六
					1	2
3	4	5	6	7	8	9
10	11	11	12	13	14	15
16	17	18	19	20	22	23
24	25	26	27	28	29	30

這一課讓我們以 2022年4月為例，來製作行事曆！

 **老師說**

自動填滿內建的項目，除了中、英文的星期、月份外，還有年度季度(第一、二、三、四季)及天干(甲、乙、丙、丁...)、地支(子、丑、寅、卯...)...等。

懂更多　自訂清單

Excel 除了預設的排序項目外，也可以自訂想要的項目快速填滿喔！

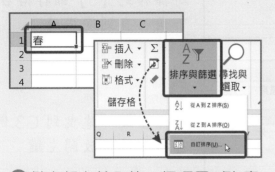 

1 儲存格上輸入第一個項目 (例:春)，在 常用 標籤下，按【排序與篩選】，點選【自訂排序】。

2 按【順序】項目的下拉方塊，點選【自訂清單】。

3 在【清單項目】欄裡輸入項目後，按【確定】，再按【確定】。

4 到【春】的右下角，按住左鍵，拖曳 ➕，自訂的清單就出現囉！

你也可以到【檔案 / 選項 / 進階 / 一般 / 編輯自訂清單(O)...】設定喔！

🎯 往右累加1填滿數列

1 分別在 F2 在 G2 儲存格中輸入【1】與【2】

2 在 A3 儲存格中輸入【3】，然後選取該儲存格

3 游標移到【3】儲存格右下角，直到變成 ✚

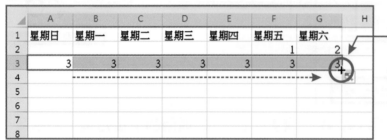

4 按住左鍵，拖曳到 G3 儲存格，然後放開左鍵

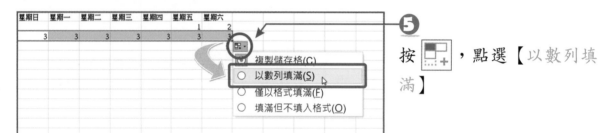

5 按 ▦，點選【以數列填滿】

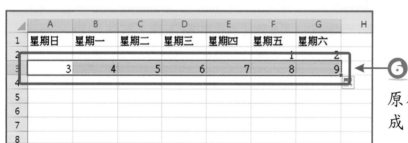

6 原本相同的數字，就會變成累加1的數列

老師說

累加1的另一個方法

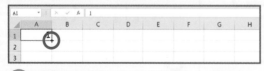

❶ 游標移到儲存格右下方，直到出現 ✚ 。

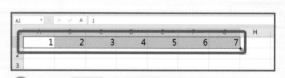

❷ 按住 Ctrl，游標變成 ✚ 後，向右拖曳，也會自動累加1。

向下累加 7 填滿數列

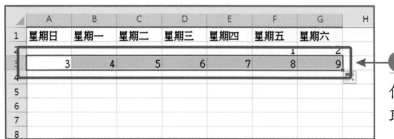

①

保持 3~9 數字儲存格的選取狀態

②

在【常用】標籤下，到右上方按 ⬇▼【填滿】，點選【數列】

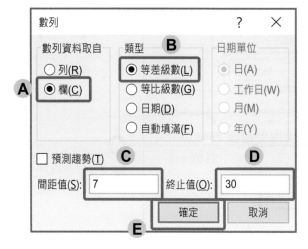

③

設定：

A 點選【欄】

B 點選【等差級數】

C 間距值輸入【7】

D 終止值輸入【30】

E 按【確定】

選【欄】= 直向累加
間距值【7】= 一次累加 7
終止值【30】= 數字終止於 30

	A	B	C	D	E	F	G	H
1	星期日	星期一	星期二	星期三	星期四	星期五	星期六	
2						1	2	
3	3	4	5	6	7	8	9	
4	10	11	12	13	14	15	16	
5	17	18	19	20	21	22	23	
6	24	25	26	27	28	29	30	
7								
8								

④

一次填完其餘的日期囉！

設定欄寬與列高

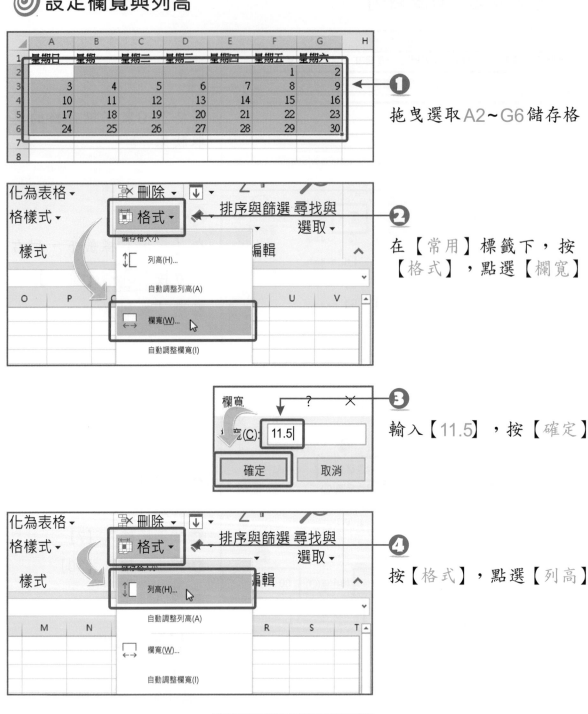

1 拖曳選取 A2~G6 儲存格

2 在【常用】標籤下，按
【格式】，點選【欄寬】

3 輸入【11.5】，按【確定】

4 按【格式】，點選【列高】

5 輸入【65】，按【確定】

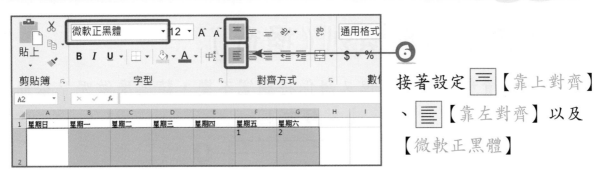

接著設定 ▤【靠上對齊】
、▤【靠左對齊】以及
【微軟正黑體】

❼

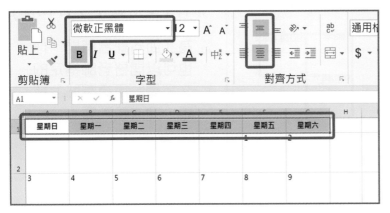

拖曳 A1~G1，設定：

·列高 - 25

·▤【置中對齊】

·▤【置中】

·字型 - 微軟正黑體

·B【粗體】

❽

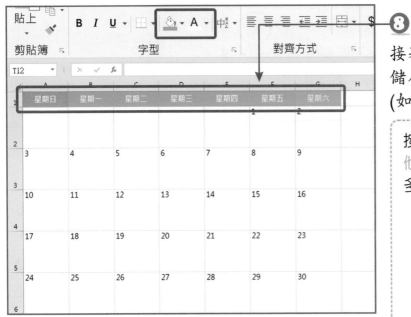

接著再設定一下 A1~G1
儲存格與文字顏色吧！
(如圖示)

按 ◇▾ 的 ▾，再點選【其
他色彩】，就可以挑選更
多想要的顏色喔！

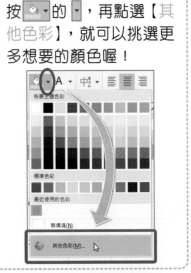

練習到這邊，預先儲存一下目前的成果吧！
(命名為：03-我的行事曆)。

3 文字自動換列（換行）

儲存格內的資料比較多，但又想保持欄寬不變，該怎麼做呢？很簡單！讓它【自動換列(換行)】就好啦！

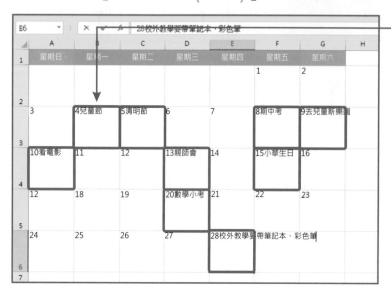

在圖示儲存格中輸入行程資料(日期數字不可刪除)

為了節省練習時間，你也可以開啟老師指定的文字檔，用複製貼上技巧，完成輸入喔！

4兒童節
5清明節
8期中考
9去兒童新樂園
10看電影
13親師會
15小華生日
20數學小考
28校外教學要帶筆記本、彩色筆

拖曳選取A2～G6儲存格然後在【常用】標籤下，按 abc【自動換列】，儲存格中，超過欄寬的文字，就會自動換行囉！

⭐ 小撇步：在輸入資料時，按 Alt + Enter，可以強制換行喔！

54

製作行事曆刊頭

學過在頁首插入圖片做成刊頭，你也可以在儲存格上為刊頭創作出
獨特的風格喔！

插入列與合併儲存格

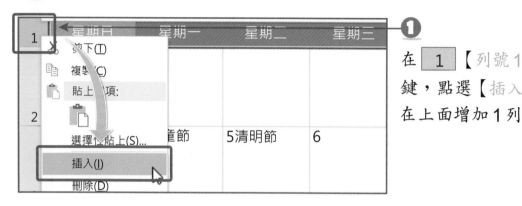

1 在 1 【列號 1】上按右
鍵，點選【插入】，就會
在上面增加 1 列

游標移到列號 1 與列號 2
的分隔線上，按住 ✛ 不
放，向下拖曳，直到上方
訊息顯示約為：
高度: 114.00 (152 像素)

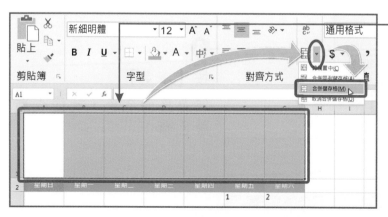

3 拖曳選取 A1～G1 儲存格
，按 ↔ ▾ 【跨欄置中】
的 ▾，點選【合併儲存格】

設定儲存格漸層色彩

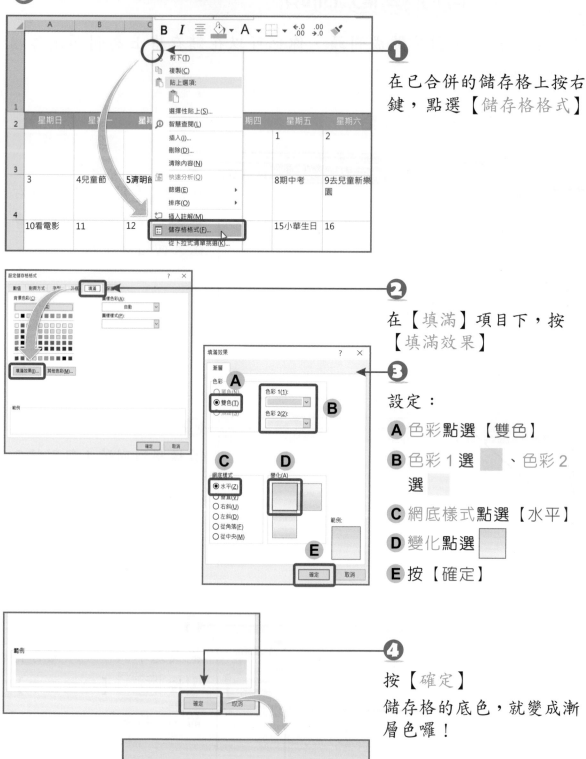

1 在已合併的儲存格上按右鍵，點選【儲存格格式】

2 在【填滿】項目下，按【填滿效果】

3 設定：

A 色彩點選【雙色】

B 色彩1選 ▢ 、色彩2選 ▢

C 網底樣式點選【水平】

D 變化點選 ▢

E 按【確定】

4 按【確定】

儲存格的底色，就變成漸層色囉！

用文字藝術師作標題

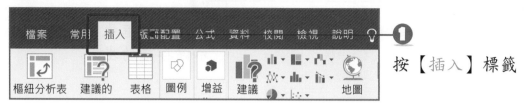

按【插入】標籤

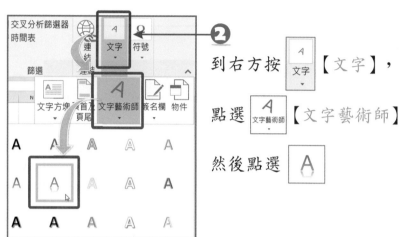

到右方按 文字【文字】，

點選 文字藝術師【文字藝術師】

然後點選 A

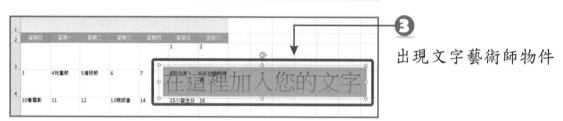

出現文字藝術師物件

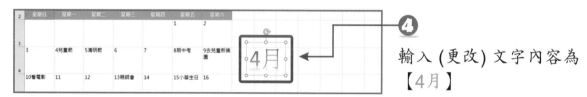

輸入(更改)文字內容為
【4月】

老師說

Excel 的【插入】標籤下所顯示的按鈕配置，可能會因你螢幕視窗寬度設定不同，而與書上呈現有些許差異。在步驟 ② 中，如果找不到 文字，這時找到並按 A，就可插入文字藝術師囉！

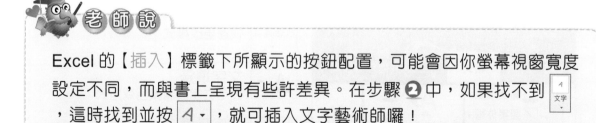

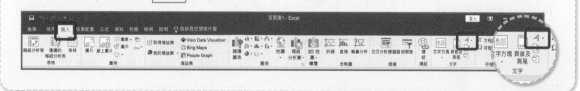

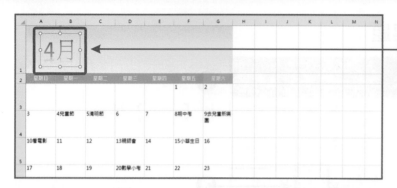

⑤ 按住物件框線，拖曳到圖示儲存格的左方

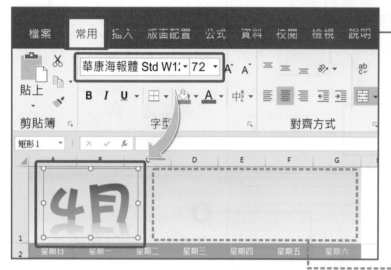

⑥ 按【常用】標籤，設定：字型為華康海報體 Std W12、字型大小為 72

有需要的話，可按住框線，調整一下物件的位置

預留此空間，到第6節再插入圖片。

點選文字藝術師物件(點1下框線)，可以在【繪圖工具 / 格式】標籤下，做進一步的設定(修改)：

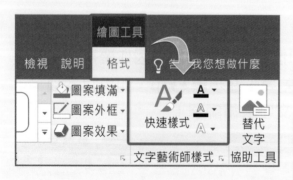

快速樣式
快速更改樣式

文字填滿
設定文字填滿顏色或方式

文字外框
設定外框顏色、粗細、實或虛線

文字效果
陰影、光暈、反射...等效果

5 設定表格框線

自訂表格框線(也可以搭配設定儲存格底色)，可以更自由地設計表格，而不用一直依賴內建的表格樣式喔！

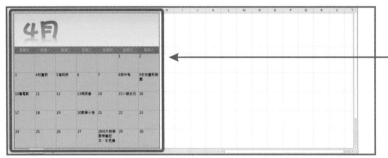

1 拖曳選取整個行事曆表格

2 在【常用】標籤下，按【框線】的下拉方塊

點選【線條樣式 / ——】

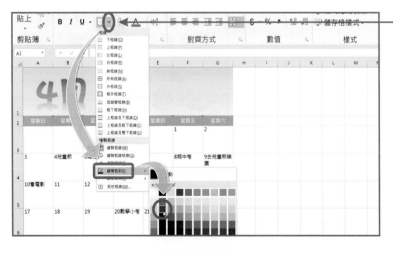

3 再按【框線】的下拉方塊，點選【線條色彩 / ▇】或你喜歡的顏色

④ 按【框線】的下拉方塊，點選【所有框線】，讓所有儲存格都有線條

⑤ 按【框線】的下拉方塊，點選【粗外框線】，加粗表格四邊的線條

	星期日	星期一	星期二	星期三	星期四	星期五	星期六
					1	2	
	3	4兒童節	5清明節	6	7	8期中考	9去兒童新樂園
	10看電影	11	12	13親師會	14	15小華生日	16
	12	18	19	20數學小考	21	22	23
	24	25	26	27	28校外教學要帶筆記本、彩色筆	29	30

工作表1

⑥ 最後在表格外空白處點1下，取消選取，就可以清楚看到設定結果囉！

 小提示

按【檔案／列印】，也可以預覽設定成果喔！

按 ，結束預覽。

60

6 用線上插圖美化行事曆

Excel 提供了免費的線上圖片！搭配行程與活動，插入適合的插圖，行事曆瞬間就活潑起來囉！

◎ 搜尋與插入線上圖片

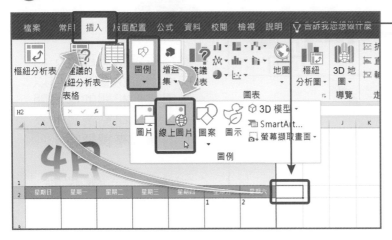

1 點 1 下靠近行事曆的任一儲存格，然後按【插入】標籤

接著按【圖例】，點選【線上圖片】

> 按【圖片】，可以插入自己準備的圖片喔！

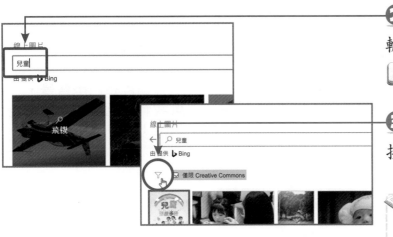

2 輸入【兒童】，然後按 Enter 搜尋圖片

3 接著按 ▽【篩選】

小提示

【僅限 Creative Commons】是僅限於搜尋符合公共著作權授權作品的意思。

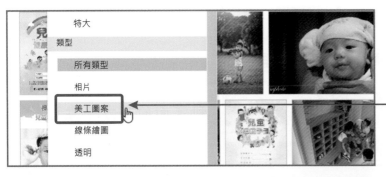

4 點選【美工圖案】

5

點選圖示圖片，然後按【插入】

6

成功插入搜尋到的線上圖片囉！

小提示

這張圖片有白色背景，讓我們幫它去除一下背景吧！

去除背景

1

在【圖片工具／格式】標籤下，按 色彩

2

到畫面的下方，點選 【設定透明色彩】

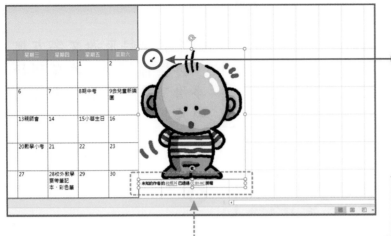

3 到圖片的背景上點 1 下，就可以將背景去除囉！

小提示

以此圖片為例，它的下方還有一個資料來源標示的文字方塊喔！

縮放圖案與編排位置

1 在空白處點 1 下，再點選圖片的部分

小提示

點選圖片，按住上方的 🔄，再左右拖曳，可以旋轉圖片喔！

2 拖曳四個角的控點，縮小圖片，並拖曳移動圖片到【兒童節】行程的旁邊 (約如圖示)

	12	18	19	20數學小考	21	22	23
6							
	24	25	26	27	28校外教學 要帶筆記 本、彩色筆	29	30
7							
8							
9	未知的作者的 此相片 已透過 CC BY-NC 授權						
10							
11							

❸

點1下資料來源文字方塊，再按住框線，拖曳到行事曆下方，以示尊重智慧財產權

❹

接著利用一點時間，使用搜尋與插入線上圖片的技巧，在刊頭與行程旁，插入喜歡且適合的圖片吧！

小 提 示

關鍵字搜尋例如 kids、pencel、birthday ...等 (中英文皆可)。

如果找不到一樣的圖片也沒有關係！插入你喜歡的圖片就可以囉！

❺

若有很重要的日子，還可以將行程文字設定為其他顏色 (例如紅色)

練習到這裡，這份行事曆就完成囉！記得存檔喔！

懂 更 多 ── 調整列印方向與版面大小

按【檔案 / 列印】，還能設定直向或橫向列印，或縮小版面列印到一頁喔！

❶ 按【直向方向】的 ▾，即可選擇版面直向或橫向列印在紙張上。

❷ 按【不變更比例】的 ▾，即可選擇將整個工作表、或者以所有欄(頁寬)或列(頁高)為基準，列印於頁面中。

 我 是 高 手 ── 我的功課表

開啟本課【03-我的功課表.xlsx】，試著編輯出刊頭、標題，並美化它吧！(你也可以製作自己實際的功課表，更加分喔！)

	A	B	C	D	E	F
1		星期一	星期二	星期三	星期四	星期五
2	1	國語	數學	電腦	國語	數學
3		社會	英語	數學	數學	體育
4		數學	自然	國語	音樂	英語
5		音樂	自然	社會	自然	國語
6		國語	國語	放學	輔導	放學
7		美勞	國語		體育	
8		美勞	體育		社會	
9						

以數列填滿。

線上圖片搜尋關鍵字例如：
Study、Sport、ABC、Book、Bus ...

示範參考

	星期一	星期二	星期三	星期四	星期五
1	國語	數學	電腦	國語	數學
2	社會	英語	數學	數學	體育
3	數學	自然	國語	音樂	英語
4	音樂	自然	社會	自然	國語
5	國語	國語		輔導	
6	美勞	國語	放學	體育	放學
7	美勞	體育		社會	

( )① 填滿功能可以做什麼？

　　　1. 文字填滿　　　2. 數列填滿　　　3. 以上皆可

( )② 想設定向右填滿數列，在 ⊞ 自動填滿選項中要點選？

　　　1. 複製儲存格　　2. 以數列填滿　　3. 僅以格式填滿

( )③ 按哪個按鈕，可以讓文字自動換列？

　　　1. (ab↗)　　　　　2. (abc↵)　　　　3. (→≡)

( )④ 想去除圖片背景，要在【圖片工具 / 格式】標籤下，按？

　　　1. 校正　　　　　2. 美術效果　　　3. 色彩

本課動畫遊戲測驗 ‥‥‥‥‥‥‥‥‥‥‥‥‥‥‥‥‥‥‥‥‥‥‥

同學！快到【動畫測驗遊戲】來驗收學習成果吧！

快來闖關吧！

□　我通過測驗了！

4 本日收支算一算

- 記帳本

日期	2022/5/8			
零用錢	200			
項目	支出	數量/次	小計	占比
早餐	59	1	59	42%
鉛筆	5	2	10	7%
作業簿	10	3	30	22%
交通	20	2	40	29%
		總計	139	
		結餘		

園遊會收支表

項目	售價	賣出	收入	成本	淨賺	總收入
烤香腸	20	25	500	350	150	
熱狗	15	35	525	220	305	$ 2,265
炒米粉	30	36	1080	200	880	
冰紅茶	15	66	990	60	930	

統整課程

 數學  綜合

核心概念

◎ 能使用資訊科技解決生活中的簡單問題

◎ 能應用運算思維描述問題解決的方法

◎ 能認識基本的數位資源整理方式

課程重點

◎ 知道計算公式的好處

◎ 學會輸入加減乘除公式

◎ 學會設定百分比

◎ 學會插入超連結

1 聰明的計算公式

你知道每天的零用錢都花到哪去了嗎？就用 Excel 幫你記帳，了解自己的消費習慣，日後做更有計劃的分配與運用喔！

日期	2022/5/8			
零用錢	200			
項目	支出	數量/次	小計	占比
早餐	59	1	59	42%
鉛筆	5	2	10	7%
作業簿	10	3	30	22%
交通	20	2	40	29%
		總計	139	
		結餘	$ 61	

學會輸入加減乘除【公式】，試算表就會有【自動計算】的功能！

● 公式寫法：(例)

| 加法公式 | 寫法： | = 4 + 3 | 或 | = A2 + B5 |

| 減法公式 | 寫法： | = 8 - 1 | 或 | = B7 - C7 |

| 乘法公式 | 寫法： | = 5 * 9 | 或 | = E6 * F8 |

| 除法公式 | 寫法： | = 6 / 2 | 或 | = C3 / D4 |

不管輸入哪一種公式，都從等於【=】開始喔！

想想看

除了記帳本，還有什麼樣的報告或報表適合使用計算公式？

1. ＿＿＿＿＿＿＿　2. ＿＿＿＿＿＿＿

3. ＿＿＿＿＿＿＿　4. ＿＿＿＿＿＿＿

用內建圖案做標題

還記得上一課我們用文字藝術師做標題嗎？用內建的美工圖案也可以做出漂亮的標題喔！趕快來學！

◎ 開啟練習小檔案

日期				
零用錢	200			
項目	支出	數量/次	小計	占比
早餐	59	1		
鉛筆	5	2		
作業簿	10	3		
交通	20	2		
		總計		
		結餘		

❶

開啟本課練習小檔案

這是一份單日的記帳本，我們先為它做個標題吧！

◎ 插入圖案與輸入文字

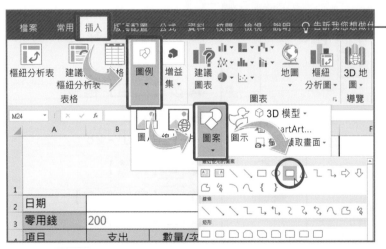

❶

按【插入】標籤

然後按【圖例/圖案】，

點選 ▭【矩形：圓角】

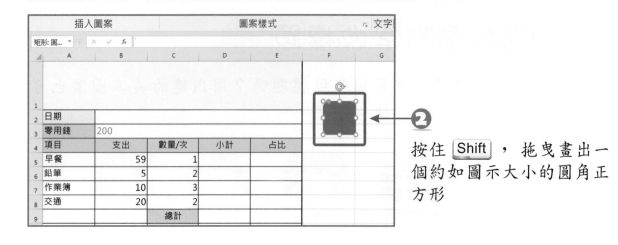

② 按住 Shift ，拖曳畫出一個約如圖示大小的圓角正方形

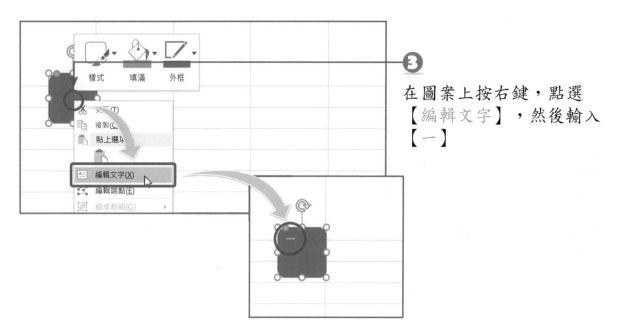

③ 在圖案上按右鍵，點選【編輯文字】，然後輸入【一】

④ 點1下圖案框線選取圖案，然後設定：

Ⓐ 按【常用】標籤

Ⓑ 字型 - 微軟正黑體
字型大小 - 28

Ⓒ Ｂ【粗體】

Ⓓ ≡【置中對齊】

Ⓔ ≡【置中】

編輯圖案樣式

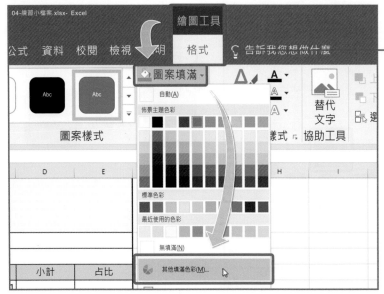

①　按【繪圖工具 / 格式】標籤

然後按【圖案填滿】，點選【其他填滿色彩】

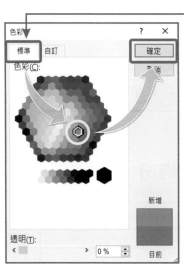

②　按【標準】標籤，點選 ▇ 後，按【確定】

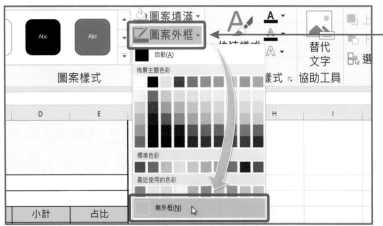

③　按【圖案外框】，點選【無外框】

④ 按【圖案效果】，點選
【浮凸 / ⬜ (斷面)】

⑤ 按【圖案效果】，點選
【陰影 / ⬜ (位移：右
下方)】

🎯 複製 / 貼上與對齊 / 均分

❶ 拖曳圖案到圖示位置，然
後按快速鍵 Ctrl + C
(複製)

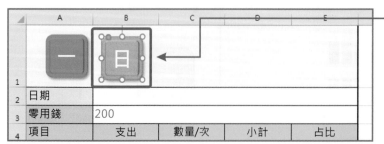

❷ 按 Ctrl + V (貼上) 後，
拖曳到約圖示位置，然後
修改文字與圖案色彩 (如
圖示)

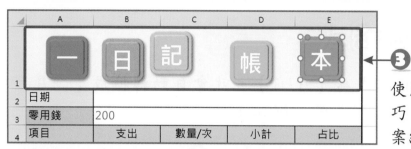

使用複製貼上與修改的技巧，完成如圖示共5個圖案編輯

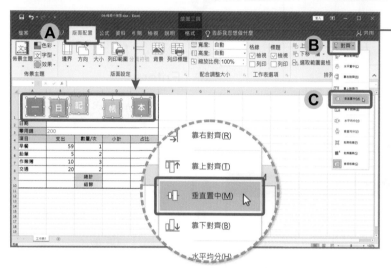

④

按住 Shift，複選這5個圖案，然後設定：

Ⓐ 按【版面配置】標籤

Ⓑ 按【對齊】

Ⓒ 點選【垂直置中】

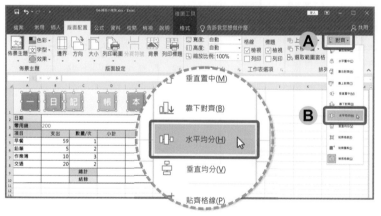

⑤

繼續設定：

Ⓐ 按【對齊】

Ⓑ 點選【水平均分】

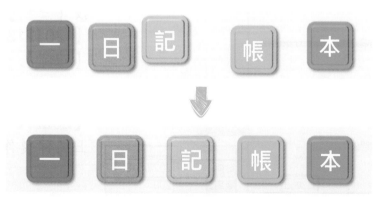

③ 設定日期格式

在 Excel 中輸入日期的方式為【月/日】，就會自動轉換成【○月○日】。你也可以自訂顯示方式喔！例如：

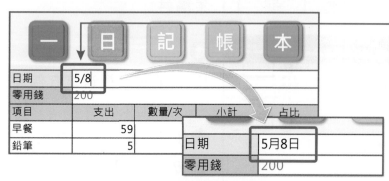

❶

點選【日期】右方的儲存格，輸入【5/8】，然後按 Enter

資料會自動換成預設的日期格式【5月8日】

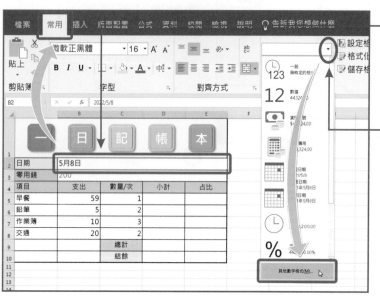

❷

點選【5月8日】儲存格，按【常用】標籤

❸

按數值格式的下拉方塊，點選【其它數字格式】

❹

按【日期】類別，點選【*2012/3/14】，然後按【確定】

【5月8日】就會換成【2022/5/8】(會自動加上文件製作時的西元年)

4 輸入計算公式與套用

用儲存格位址，輸入加減乘除公式，就可以讓數字資料自動計算，零用錢的花費就一目了然囉！

輸入乘法公式與填滿套用　　本節公式　=B5*C5

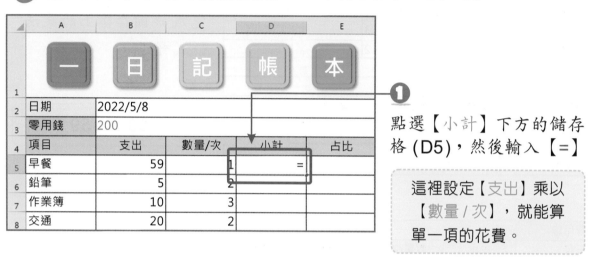

❶ 點選【小計】下方的儲存格 (D5)，然後輸入【=】

> 這裡設定【支出】乘以【數量/次】，就能算單一項的花費。

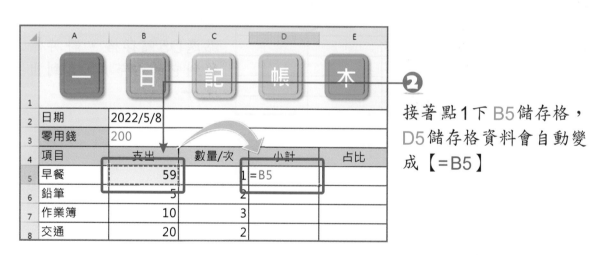

❷ 接著點1下 B5 儲存格，D5 儲存格資料會自動變成【=B5】

	A	B	C	D	E
2	日期	2022/5/8			
3	零用錢	200			
4	項目	支出	數量/次	小計	占比
5	早餐	59	1	=B5*	
6	鉛筆	5	2		
7	作業簿	10	3		

❸ 直接繼續輸入【*】

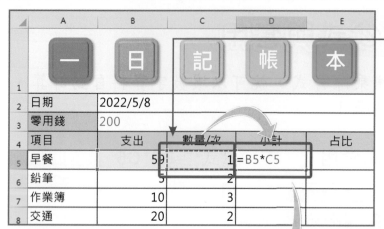

④ 接著點1下 C5 儲存格，D5 儲存格資料會變成【=B5*C5】

最後按 Enter 確認，就完成該儲存格上的乘法公式囉！

零用錢	200			
項目	支出	數量/次	小計	占比
早餐	59	1	59	
鉛筆	5	2		
作業簿	10	3		

59x1=59

零用錢	200			
項目	支出	數量/次	小計	占比
早餐	59	1	59	
鉛筆	5	2		
作業簿	10	3		
交通	20	2		
		總計		
		結餘		

⑤ 點選 D5 儲存格，將游標移到它的右下角，直到出現 ✚

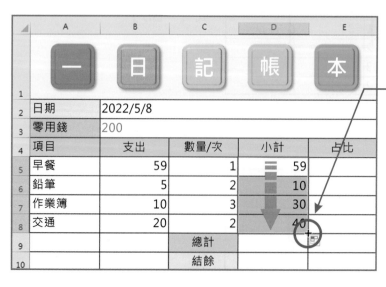

⑥ 按住 ✚，向下拖曳到 D8 儲存格(拖曳填滿)，就將乘法公式套用到 D6～D8 儲存格上，完成計算

輸入加法公式

本節公式 =D5+D6+D7+D8

	項目	支出	數量/次	小計	占比
4					
5	早餐	59	1	59	
6	鉛筆	5	2	10	
7	作業簿	10	3	30	
8	交通	20	2	40	
9			總計	=	
10			結餘		

❶

點選【總計】右方的 D9 儲存格，然後輸入【=】

設定將所有【小計】相加，可算出當日所有花費。

項目	支出	數量/次	小計	占比
早餐	59	1	59	
鉛筆	5	2	10	
作業簿	10	3	30	
交通	20	2	40	
		總計	=D5+	
		結餘		

❷

點1下 D5 儲存格，然後輸入【+】
(資料變成 =D5+)

項目	支出	數量/次	小計	占比
早餐	59	1	59	
鉛筆	5	2	10	
作業簿	10	3	30	
交通	20	2	40	
		總計	=D5+D6+	
		結餘		

❸

點1下 D6 儲存格，然後輸入【+】
(資料變成 =D5+D6+)

項目	支出	數量/次	小計	占比
早餐	59	1	59	
鉛筆	5	2	10	
作業簿	10	3	30	
交通	20	2	40	
		=D5+D6+D7+		
		結餘		

❹

點1下 D7 儲存格，然後輸入【+】
(資料變成 =D5+D6+D7+)

項目	支出	數量/次	小計	占比
早餐	59	1	59	
鉛筆	5	2	10	
作業簿	10	3	30	
交通	20	2	40	
		=D5+D6+D7+D8		
		結餘		

❺

點1下 D8 儲存格 (資料變成 =D5+D6+D7+D8)，然後按 Enter 確認

4	項目	支出	數量/次	小計	占比
5	早餐	59	1	59	
6	鉛筆	5	2	10	
7	作業簿	10	3	30	
8	交通	20	2	40	
9			總計	139	
10			結餘		

59+10+30+40=139

◎ 輸入減法公式

本節公式 =B3-D9

2	日期	2022/5/8			
3	零用錢	200			
4	項目	支出	數量/次	小計	占比
5	早餐	59	1	59	
6	鉛筆	5	2	10	
7	作業簿	10	3	30	
8	交通	20	2	40	
9			總計	139	
10			結餘	=	
11					

① 點選【結餘】右方的 D10 儲存格，然後輸入【=】

最後用【零用錢】減掉 【總計】，就可以知道 還剩下多少。

2	日期	2022/5/8			
3	零用錢	200			
4	項目	支出	數量/次	小計	占比
5	早餐	59	1	59	
6	鉛筆	5	2	10	
7	作業簿	10	3	30	
8	交通	20	2	40	
9			總計	139	
10			結餘	=B3-	
11					

② 點1下 B3 儲存格，然後 輸入【-】 (資料變成 =B3-)

2	日期	2022/5/8			
3	零用錢	200			
4	項目	支出	數量/次	小計	占比
5	早餐	59	1	59	
6	鉛筆	5	2	10	
7	作業簿	10	3	30	
8	交通	20	2	40	
9			總計	139	
10			結餘	=B3-D9	
11					

③ 點1下 D9 儲存格 (資料變 成 =B3-D9)，然後按 Enter 確認

3	零用錢	200			
4	項目	支出	數量/次	小計	占比
5	早餐	59	1	59	
6	鉛筆	5	2	10	
7	作業簿	10	3	30	
8	交通	20	2	40	
9			總計	139	
10			結餘	61	
11					

200-139=61

🎯 輸入除法公式與轉換百分比　　本節公式 =D5/D9

3	零用錢	200			
4	項目	支出	數量/次	小計	占比
5	早餐	59	1	59	=
6	鉛筆	5	2	10	
7	作業簿	10	3	30	
8	交通	20	2	40	
9			總計	139	

❶

點選【占比】下方的 E5
儲存格，然後輸入【=】

> 用【小計】除以【總計】
> ，可知道每個項目在花
> 費中，所占的比例。

3	零用錢	200			
4	項目	支出	數量/次	小計	占比
5	早餐	59		59	=D5/
6	鉛筆	5	2	10	
7	作業簿	10	3		
8	交通	20	2	40	
9			總計	139	

❷

點1下D5儲存格，然後
輸入【/】
(資料變成＝D5/)

3	零用錢	200			
4	項目	支出	數量/次	小計	占比
5	早餐	59	1	59	=D5/D9
6	鉛筆	5	2	10	
7	作業簿	10	3	30	
8	交通	20	2	40	
9			總計	139	

❸

點1下D9儲存格 (資料
變成＝D5/D9)，然後按
Enter 確認

3	零用錢	200			
4	項目	支出	數量/次	小計	占比
5	早餐	59	1	59	=0.4244604
6	鉛筆	5	2	10	
7	作業簿	10	3	30	
8	交通	20	2	40	
9			總計	139	

59/139=0.4244604

日期	2022/5/8			
零用錢	200			
項目	支出	數量/次	小計	占比
早餐	59	1	59	0.4244604
鉛筆	5	2	10	0.0719424
作業簿	10	3	30	0.2158273
交通	20	2	40	0.2877698
		總計	139	

④ 仿照 ❶～❸技巧，完成
圖示儲存格的除法公式

E6-【=D6/D9】
E7-【=D7/D9】
E8-【=D8/D9】

日期	2022/5/8			
零用錢	200			
項目	支出	數量/次	小計	占比
早餐	59	1	59	0.4244604
鉛筆	5	2	10	0.0719424
作業簿	10	3	30	0.2158273
交通	20	2	40	0.2877698
		總計	139	

⑤ 拖曳選取 E5~E8 儲存格

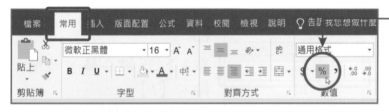

⑥ 然後在【常用】標籤下，
按1下 % 【百分比樣式】

日期	2022/5/8			
零用錢	200			
項目	支出	數量/次	小計	占比
早餐	59	1	59	42%
鉛筆	5	2	10	7%
作業簿	10	3	30	22%
交通	20	2	40	29%
		總計	139	

⑦ 小數點數字，就會轉換成
用百分比來顯示囉！

老師說

拖曳選取顯示百分比的儲存格，再
按【數值格式】的下拉方塊，點選
【數值】即可恢復以小數點顯示。

設定貨幣符號

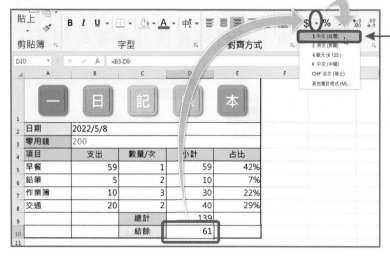

點選【結餘】右邊的儲存格 (D10)

然後在【常用】標籤下，按 $ ▼ 【會計數字格式】的 ▼，點選【$中文(台灣)】

總計	139
結餘	$ 61.00

會出現小數點

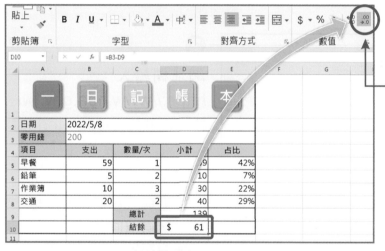

接著按2下 .00 →.0 【減少小數位數】，使資料沒有小數點

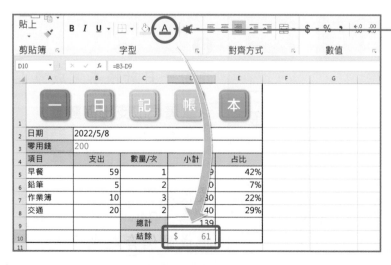

最後再將文字設定為紅色吧！

5 插入超連結

日常生活中如何均衡飲食，連結到衛生福利部國民健康署的網頁，來了解一下吧！

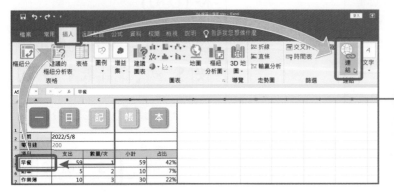

衛生福利部國民健康署網頁

①

點選【早餐】儲存格，按【插入】標籤，然後按【連結】

②

網址欄輸入：
https://www.hpa.gov.tw/Pages/List.aspx?nodeid=4086，然後按【確定】

> 插入超連結後，文字的字型與大小可能會改變，記得改回微軟正黑體與原來的大小(16)喔！

日期	2022/5/8			
零用錢	200			
項目	支出	數量/次	小計	占比
早餐	59	1	59	42%
鉛筆	5	2	10	7%
作業簿	10	3	30	22%
交通	20	2	40	29%
		總計	139	
		結餘	$ 61	

③

這份一日計帳本完成囉！

> 試著更改支出與數量，看看小計、總計、結餘與占比是否自動計算。

最後記得要另存新檔，命名為【04 - 一日記帳本】把成果儲存起來喔！

懂更多　複製記帳本(工作表)

使用以下方法，可以將完成的記帳本複製變成第二頁、第三頁...，這樣就能每天記帳囉！

❶到工作表標籤上，按右鍵，點選【移動或複製】。

❷點選【(移動到最後)】，勾選【建立複本】，然後按【確定】。

❸原工作表就會完整複製到新的工作表上。修改資料後，就是下一天的記帳本囉！

當記帳天數變多、成為很多頁時，你還可以製作【目錄】，再用【跳頁連結】的方式來查看頁面喔！方法請參考 教學影片。

 我是高手　園遊會收支表

開啟本課【04-園遊會收支表.xlsx】，試著輸入公式，讓它能自動相乘、相減、相加，計算出總收入吧！

項目	售價	賣出	收入	成本	淨賺	總收入
烤香腸	20	25		350		
熱狗	15	35		220		
炒米粉	30	36		200		
冰紅茶	15	66		60		

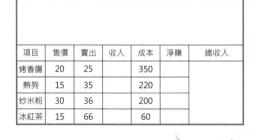

項目	售價	賣出	收入	成本	淨賺	總收入
烤香腸	20	25	500	350	150	
熱狗	15	35	525	220	305	$ 2,265
炒米粉	30	36	1080	200	880	
冰紅茶	15	66	990	60	930	

示範參考

( ) **1** 想插入內建圖案，要在【插入】標籤下，按？

　　1. 圖例／圖案　　　2. 圖例／圖片　　　3. 圖例／圖示

( ) **2** 想設定物件的對齊與均分，要在哪個標籤下？

　　1. 檢視　　　　　　2. 校閱　　　　　　3. 版面配置

( ) **3** 下面哪個是【乘法】公式？

　　1. =B5*C5　　　　2. =B5+C5　　　　3. =B5/C5

( ) **4** 下面哪個是【除法】公式？

　　1. =B5*C5　　　　2. =B5+C5　　　　3. =B5/C5

本課動畫遊戲測驗

同學！快到【動畫測驗遊戲】來驗收學習成果吧！

快來闖關吧！

□ 我通過測驗了！

5 給自己加加油

- 成績單

學期成績統計表

科目	第一次段考	期中考	期末考	總分	平均	排名
英語	100	96	99	295	*98.3* ★	1
國語	95	85	97	277	*92.3*	2
自然	78	100	98	276	*92.0*	3
社會	85	87	90	262	87.3	4
電腦	69	80				
數學	75	64				

全班成績統計表

座號	姓名	國語	英語	數學	自然	社會	電腦	總分	個人平均	名次
1	許小玉	90	82	67	73	70	80	462	*77.0*	3
2	莊正男	73	70	56	55	64	77	395	65.8	▶10
3	李小夫	80	77	69	80	78	69	453	75.5	4
4	曾士美	77	60	80	79	58	58	412	68.7	9
5	陳胖虎	77	88	56	77	66	87	451	75.2	5
6	王大雄	75	78	87	69	78	95	482	*80.3*	2
7	張世條	67	80	58	76	80	88	449	74.8	6
8	黃小葵	75	63	70	76	76	72	436	72.7	7
9	林靜香	85	60	56	67	70	92	430	71.7	8
10	范妮妮	90	100	80	91	95	93	549	*91.5* ★	1
	各科平均	78.9	75.8	67.9	74.7	73.5	81.1			

核心概念

◎ 能應用運算思維描述問題解決的方法

◎ 有系統地透過試算表或影像等格式呈現

◎ 能進行簡易資料之比較、統計、分析等運算功能

課程重點

◎ 學會用函數來做自動加總

◎ 學會用函數來計算平均值

◎ 學會設定排序

◎ 學會設定醒目提示

我的成績評量自己做

用 Excel 也可以統計成績喔！不管是總分、平均，還是排名，一下子就算好了！更棒的是，還可以設定高低分的醒目提示，提醒自己哪些科目要多加油！

來算算自己這一學期的成績表現吧！

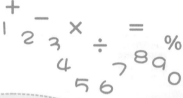

如果科目很多，一個個輸入公式來計算分數，會不會搞到手忙腳亂啊？

學期成績統計表

科目	第一次段考	期中考	期末考	總分	平均	排名
英語	100	96	99	295	*98.3* ★	1
國語	95	85	97	277	*92.3*	2
自然	78	100	98	276	*92.0*	3
社會	85	87	90	262	87.3	4
電腦	69	80	95	244	81.3	5
數學	75	64	85	224	74.7 ▶	6

用 Excel 的【函數】算總分、平均分數，可省去輸入公式時的功夫，超快超方便喔！

自動加總

要做總計，除了自己輸入加法公式，你還可利用 Excel 內建的【加總】(SUM) 函數。【函數】就像是自動機器，能幫你算出需要的數值或文字，例如：加總、平均…等。善用它，可讓你事半功倍喔！

開啟練習小檔案

學期成績統計表

科目	第一次段考	期中考	期末考	總分	平均	排名
國語	95	85	97			
英語	100	96	99			
數學	75	64	85			
自然	78	100	98			
社會	85	87	90			
電腦	69	80	95			

❶ 開啟本課練習小檔案

這是一份個人的成績統計單，讓我們先針對單科成績做一下加總吧！

用加總函數 (SUM) 算總分   本小節公式 - =SUM(B3:D3)

科目	第一次段考	期中考	期末考	總分	平均	排名
國語	95	85	97			
英語	100	96	99			
數學	75	64	85			
自然	78	100	98			

❶ 點選【國語】右邊、【總分】下方的儲存格(E3)

❷ 按【公式】標籤，接著按【自動加總】的下拉方塊，點選【加總】

科目	第一次段考	期中考	期末考	總分	平均	排名
國語	95	85	97	=SUM(B3:D3)		
英語	100	96	99			
數學	75	64	85			
自然	78	100	98			
社會	85	87	90			
電腦	69	80	95			

❸ 出現加總公式【=SUM (B3:D3)】

SUM是加總運算函數；(B3:D3) 表示加總的範圍是B3~D3儲存格(這個範圍會出現虛線框)。

科目	第一次段考	期中考	期末考	總分	平均	排名
國語	95	85	97	277		
英語	100	96	99			
數學	75	64	85			
自然	78	100	98			
社會	85	87	90			
電腦	69	80	95			

❹ 按 Enter 確定後，E3 儲存格，就會算出國語科目的三次考試成績總分

🎯 填滿套用函數公式

科目	第一次段考	期中考	期末考	總分	平均	排名
國語	95	85	97	277		
英語	100	96	99			
數學	75	64	85			
自然	78	100	98			
社會	85	87	90			
電腦	69	80	95			

❶ 點選 E3 儲存格，游標移到右下角，直到出現 ✚

科目	第一次段考	期中考	期末考	總分	平均	排名
國語	95	85	97	277		
英語	100	96	99	295		
數學	75	64	85	224		
自然	78	100	98	276		
社會	85	87	90	262		
電腦	69	80	95	244		

❷ 按住 ✚ 向下拖曳到 E8 儲存格 (拖曳填滿)，其他科目總分會自動計算出來

因複製格式緣故，最下列的框線會複製到前一個細線框，再去設定一下外框的粗細就好。

3 自動計算平均值

除了自動加總函數，Excel 還有一個自動計算【平均值】(AVERAGE) 的函數！快來看看怎麼用吧！

用平均值函數 (AVERAGE) 算平均分數

本小節公式 - =AVERAGE(B3:D3)

❶

點選【國語】右邊、【平均】下方的儲存格 (F3)

按【自動加總】的下拉方塊，點選【平均值】

科目	第一次段考	期中考	期末考	總分	平均	排名
國語	95	85	97	277	=AVERAGE(B3:E3)	
英語	100	96	99	295		
數學	75	64	85	224		
自然	78	100	98	276		
社會	85	87	90	262		
電腦	69	80	95	244		

❷

出現平均值公式【=AVERAGE(B3:E3)】

但選擇範圍應該不包含總分項目下的儲存格(E3)才對！讓我們來修改一下！

❸

到上方的資料編輯列，將 E3 改為 D3

然後按 Enter 確認

科目	第一次段考	期中考	期末考	總分	平均	排名
國語	95	85	97	277	92.33	
英語	100	96	99	295		
數學	75	64	85	224		
自然	78	100	98	276		

④ F3 儲存格，就會算出國語科目三次考試成績的平均分數

🎯 套用與減少小數點

科目	第一次段考	期中考	期末考	總分	平均	排名
國語	95	85	97	277	92.33	
英語	100	96	99	295		
數學	75	64	85	224		
自然	78	100	98	276		

① 點選 F3 儲存格，游標移到右下角，直到出現 ✚

科目	第一次段考	期中考	期末考	總分	平均	排名
國語	95	85	97	277	92.33	
英語	100	96	99	295	98.33	
數學	75	64	85	224	74.67	
自然	78	100	98	276	92.00	
社會	85	87	90	262	87.33	
電腦	69	80	95	244	81.33	

② 按住 ✚，向下拖曳到 F8 儲存格(拖曳填滿)，其他科目的平均分數也會自動計算出來囉！

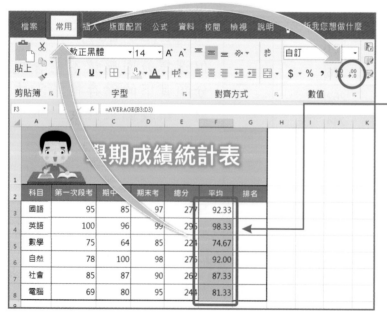

③ 拖曳選取 F3～F8 儲存格

然後按【常用】標籤，再按一下 ⬇.0，減少小數位到只有一位數

4 各科成績排名

各科的平均分數算出來囉！接著根據平均分數，用 Excel 自動由大到小做排序，也順便做一下排名吧！

◎ 依平均分數排序

科目	第一次段考	期中考	期末考	總分	平均	排名
國語	95	85	97	277	92.3	
英語	100	96	99	295	98.3	
數學	75	64	85	224	74.7	
自然	78	100	98	276	92.0	
社會	85	87	90	262	87.3	
電腦	69	80	95	244	81.3	

❶ 拖曳選取 A3～F8 儲存格

❷ 按【資料】標籤，再按一下【排序】

❸ 設定：

A 欄 -【平均】

B 排序對象 -【儲存格值】

C 順序 -【最大到最小】

D 按【確定】

科目	第一次段考	期中考	期末考	總分	平均	排名
英語	100	96	99	295	98.3	
國語	95	85	97	277	92.3	
自然	78	100	98	276	92.0	
社會	85	87	90	262	87.3	
電腦	69	80	95	244	81.3	
數學	75	64	85	224	74.7	

④ 按照平均分數，科目會由高到低排列

自動填滿名次

科目	第一次段考	期中考	期末考	總分	平均	排名
英語	100	96	99	295	98.3	1
國語	95	85	97	277	92.3	
自然	78	100	98	276	92.0	
社會	85	87	90	262	87.3	
電腦	69	80	95	244	81.3	
數學	75	64	85	224	74.7	

① 在【排名】下方的儲存格 (G3) 輸入【1】

點選該儲存格後，將游標移到右下角，直到出現 ➕

科目	第一次段考	期中考	期末考	總分	平均	排名
英語	100	96	99	295	98.3	1
國語	95	85	97	277	92.3	2
自然	78	100	98	276	92.0	3
社會	85	87	90	262	87.3	4
電腦	69	80	95	244	81.3	5
數學	75	64	85	224	74.7	6

② 按住 Ctrl，再按住 ➕ 向下拖曳到 G8 儲存格，就會自動依序填滿名次

老師說

各科的總分與平均分，雖然很快計算出來，但面對一堆數字，想檢視各科高、低的分數時，還真吃力！
到下一節以醒目提示的方法，就可以解決這個問題。

5 設定分數醒目提示

要從眼花撩亂的數字堆中找出滿意或不滿意的分數，還真難找呀！其實不用這麼麻煩！用 Excel 的【格式化條件】功能，就可以輕鬆找到，還能加上醒目提示喔！

◎ 90 分以上設綠色

❶ 拖曳選取B3~D8儲存格，然後按【常用】標籤

❷ 按【設定格式化的條件】，點選【醒目提示儲存格規則 / 大於】

❸ 設定：

Ⓐ 格式化大於 ... -【90】

Ⓑ 顯示為 -【綠色填滿與深綠色文字】

Ⓒ 按【確定】

🎯 70 分以下設紅色

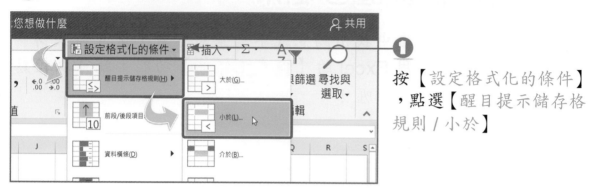

①

按【設定格式化的條件】，點選【醒目提示儲存格規則 / 小於】

②

設定：

A 格式化小於 ... -【70】

B 顯示為 -【淺紅色填滿與深紅色文字】

C 按【確定】

③

在其他空白儲存格點1下 (取消原選取)，可以更清楚看到設定的醒目提示

想清除任何格式化條件 (例如滿意 / 不滿意分數，或前三名 ...的醒目提示)，就選取想清除的儲存格，在【常用】標籤下，按【設定格式化的條件 / 清除規則 / 清除選取儲存格的規則】。

強調平均前三高成績

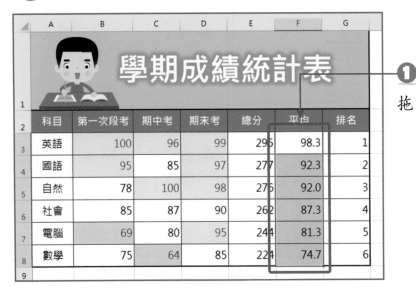

①

拖曳選取 F3～F8 儲存格

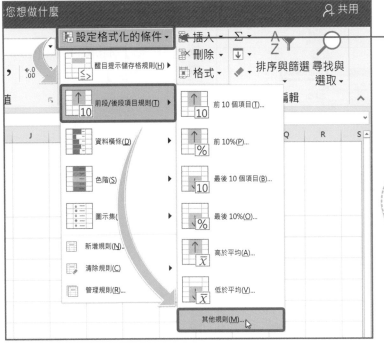

②

按【設定格式化的條件】，點選【前段/後段項目規則/其他規則】

既然排名都做好了，這裡不是直接用設定儲存格底色就好了嗎？

 老師說

若只用設定儲存格顏色與文字格式來做醒目提示，往後當分數有變動時，前三高的醒目提示，不會自動跟著變更喔！

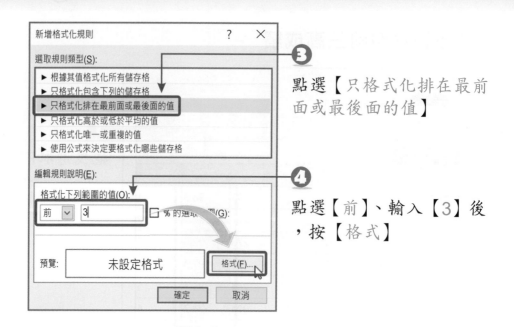

點選【只格式化排在最前面或最後面的值】

點選【前】、輸入【3】後，按【格式】

按【字型】標籤，然後點選【粗斜體】

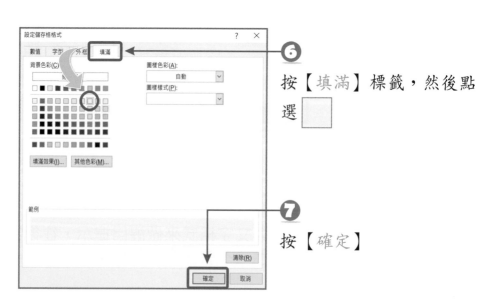

按【填滿】標籤，然後點選 □

按【確定】

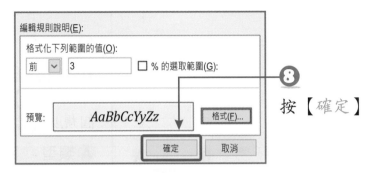

編輯規則說明(E):

格式化下列範圍的值(O):

| 前 ▾ | 3 | □ % 的選取範圍(G): |

預覽: *AaBbCcYyZz* [格式(F)...]

[確定] [取消]

❽ 按【確定】

學期成績統計表

科目	第一次段考	期中考	期末考	總分	平均	排名
英語	100	96	99	295	*98.3*	1
國語	95	85	97	277	*92.3*	2
自然	78	100	98	276	*92.0*	3
社會	85	87	90	262	87.3	4
電腦	69	80	95	244	81.3	5
數學	75	64	85	224	74.7	6

❾
在其他空白儲存格點1下
(取消原選取)，可以更清
楚看到前三名的強調提示

🎯 在排名上設圖示

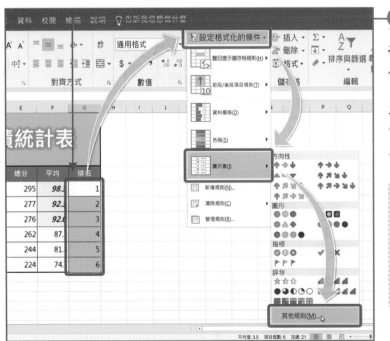

❶
拖曳選取【排名】下的6
個儲存格 (G3~G8)

然後按【設定格式化的條
件】，點選【圖示集／其
他規則】

雖然也可點選單一儲存
格，再直接指定圖示，
但能選擇的種類有限。
用【其他規則】的方式
，選擇性會比較多喔！

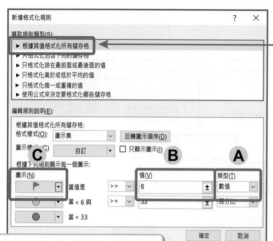

❷

點選【根據其值格式化所有儲存格】後，設定第一個規則 (當值是 >=6)：

Ⓐ 類型 -【數值】

Ⓑ 值 - 輸入【6】

Ⓒ 圖示 -【▶】

當名次大於等於6，就顯示旗標

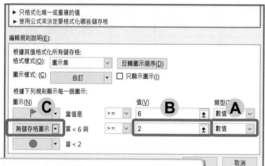

❸

繼續設定第二個規則 (當 <6 與 >=2)：

Ⓐ 類型 -【數值】

Ⓑ 值 - 輸入【2】

Ⓒ 圖示 -【無儲存格圖示】

當名次小於6、大於等於2，就無圖示

❹

設定第三個規則 (當< 2)：

Ⓐ 圖示 -【☆】

Ⓑ 最後按【確定】

當名次小於2，就顯示星星

科目	第一次段考	期中考	期末考	總分	平均	排名	
英語	100	96	99	295	*98.3*	☆	1
國語	95	85	97	277	*92.3*		2
自然	78	100	98	276	*92.0*		3
社會	85	87	90	262	87.3		4
電腦	69	80	95	244	81.3		5
數學	75	64	85	224	74.7	▶	6

❺

星星圖示表示自己這學期考最高分的科目，紅色旗子圖示表示下次考試要更加油喔！

6 保護工作表

設定密碼，可以保護文件不被他人任意更改內容。但這個密碼一定
要好好牢記，否則連自己也無法修改編輯文件喔！

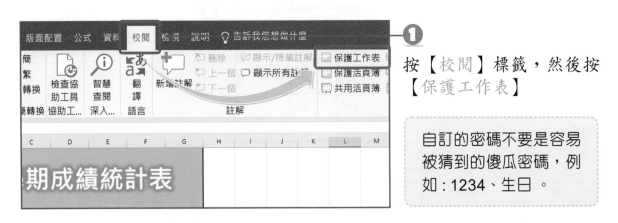

① 按【校閱】標籤，然後按
　【保護工作表】

> 自訂的密碼不要是容易
> 被猜到的傻瓜密碼，例
> 如：1234、生日。

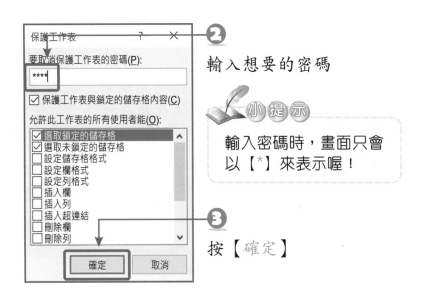

② 輸入想要的密碼

小提示

輸入密碼時，畫面只會
以【*】來表示喔！

③ 按【確定】

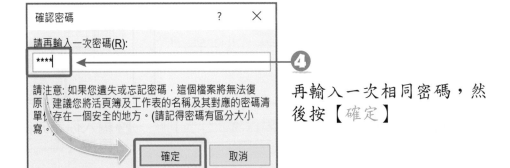

④ 再輸入一次相同密碼，然
後按【確定】

學期成績統計表

科目	第一次段考	期中考	期末考	總分	平均	排名
英語	100	← 96	99	295	*98.3* ★	1
國語	95	85	97	277	*92.3*	2
自然	78	100	98	276	*92.0*	3
社會	85	87	90	262	87.3	4
電腦	69	80	95	244	81.3	5
數學	75	64	85	224	74.7 ▶	6

5 點2下任一儲存格

6 就會出現警告視窗，提醒這份工作表已被保護，不能被任意變更囉！

7

練習到這裡，這份成績統計表就完成囉！記得要另存新檔，命名為【05-學期成績統計表】，將成果儲存起來喔！

老師說

取消保護工作表

❶ 按【校閱】標籤，再按【取消保護工作表】。

❷ 輸入你原先自訂的密碼，再按【確定】就可以囉！

懂更多　成績變動時，重新設定排序

使用這份統計表，就能運用到每次的學期成績喔！只要輸入單科的分數，【總分】、【平均】與【醒目提示】都會自動更新，但順序卻不會跟著改變...該怎麼辦呢？重新做一次【排序】就可以囉！

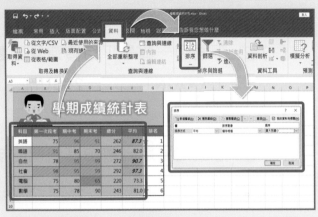

❶ 成績變動例如圖示，前三名依序應該是 社會 → 自然 → 英語。

❷ 拖曳選取A3~F8儲存格，到【資料】標籤下，按【排序】。接著設定【平均】→【儲存格值】→【最大到最小】，再按【確定】。

 我是高手　全班成績單

開啟本課【05-全班成績單.xlsx】，試著算出個人總分、個人平均、全班各科平均、名次、標示 90 分以上 / 60 分以下及個人平均前三名，並為第一與最後一名加上圖示吧！

設定完名次後，座號就不會依序排列了！想讓座號再度依序排列，想想看該怎麼做吧！

全班成績統計表

座號	姓名	國語	英語	數學	自然	社會	電腦	總分	個人平均	名次
1	許小玉	90	82	67	73	70	80	462	77.0	3
2	莊正男	73	70	56	55	64	77	395	65.8	10
3	李小夫	80	77	69	80	78	69	453	75.5	4
4	曾士美	77	60	80	79	58	58	412	68.7	9
5	陳胖虎	77	88	56	77	66	87	451	75.2	5
6	王大雄	75	78	87	69	78	95	482	80.3	2
7	張世修	67	80	58	76	80	88	449	74.8	6
8	黃小葵	75	63	70	80	76	72	436	72.7	7
9	林靜香	85	60	56	67	70	92	430	71.7	8
10	范妮妮	90	100	80	91	95	93	549	91.5	1
	各科平均	78.9	75.8	67.9	74.7	73.5	81.1			

 練功囉

( )① 下面哪一個是加總運算函數？
   1. COUNT   2. SUM   3. AVERAGE

( )② 下面哪一個是平均值運算函數？
   1. COUNT   2. SUM   3. AVERAGE

( )③ 想設定平均分數由高到低的排序，要在哪個標籤下？
   1. 資料   2. 公式   3. 常用

( )④ 想設定醒目提示，在【常用】標籤下，要按？
   1. 儲存格樣式 2. 格式化為表格 3. 設定格式化的條件

本 課 動 畫 遊 戲 測 驗

同學！快到【動畫測驗遊戲】來驗收學習成果吧！

快來闖關吧！

☐ 我通過測驗了！

6 身體質量大調查

- BMI 統計分析表

BMI統計分析

座號	姓名	性別	體重	身高	BMI值	體質分析
2	莊正男	男	43	144	20.7	正常
3	李小夫	男	34	148	15.5	過輕
4	曾士美	女	43	140	21.9	過重
5	陳胖虎	男	42	138	22.1	過重
6	王大雄	男	43	150	19.1	正常
7	張世修	男	33	145	15.7	過輕
8	黃小葵	女	33	147	15.3	
9	林靜香	女	37	138	19.4	
10	范妮妮	女	57	152	24.7	

計數 - 體質分析	欄標籤		
列標籤	女	男	總計
正常	2	2	4
過重	2	1	3
過輕	1	2	3
總計	5	5	10

座號	姓名	性別	體重	身高	BMI值	體質分析
1	許小玉	女	40	146	18.8	正常
9	林靜香	女	37	138	19.4	正常
2	莊正男	男	43	144	20.7	正常
6	王大雄	男	43	150	19.1	正常

座號	姓名	性別	體重	身高	BMI值	體質分析
10	范妮妮	女	57	152	24.7	過重
4	曾士美	女	53	140	21.9	過重
5	陳胖虎	男	42	138	22.1	過重

座號	姓名	性別	體重	身高	BMI值	體質分析
8	黃小葵	女	33	147	15.3	過輕
7	張世修	男	33	145	15.7	過輕
3	李小夫	男	34	148	15.5	過輕

統整課程

健體　數學

核心概念

- ◎ 常見的數位資料類型與儲存架構
- ◎ 系統化數位資料管理方法
- ◎ 認識巨量數據、資料探勘與日常應用

課程重點

- ◎ 學會計算 BMI 值
- ◎ 學會篩選 BMI 值
- ◎ 學會插入樞紐分析表
- ◎ 學會產生分類資料

什麼是身體質量

【身體質量】簡稱【BMI】(Body Mass Index)，是利用身高為基礎來測量體重是否符合標準的數值，是目前國際上通用評估胖瘦的方式。這一課就來做同學們的 BMI 統計分析吧！

調查總表

座號	姓名	性別	體重	身高	BMI值	體質分析
2	莊正男	男	43	144	20.7	正常
3	李小夫	男	34	148	15.5	過輕
4	曾士美	女	43	140	21.9	過重
5	陳胖虎	男	42	138	22.1	過重
6	王大雄	男	43	150	19.1	正常
7	張世修	男	33	145	15.7	過輕
8	黃小葵	女	33	147	15.3	過輕
9	林靜香	女	37	138	19.4	正常
10	范妮妮	女	57	152	24.7	過重

統計個數

還能單獨產生分類名單，好專業喔！

計數 - 體質分析	欄標籤		
列標籤	女	男	總計
正常	2	2	4
過重	2	1	3
過輕	1	2	3
總計	5	5	10

座號	姓名	性別	體重	身高	BMI值	體質分析
1	許小玉	女	40	146	18.8	正常
9	林靜香	女	37	138	19.4	正常
2	莊正男	男	43	144	20.7	正常
6	王大雄	男	43	150	19.1	正常

分類整理

座號	姓名	性別	體重	身高	BMI值	體質分析
10	范妮妮	女	57	152	24.7	過重
4	曾士美	女	43	140	21.9	過重
5	陳胖虎	男	42	138	22.1	過重

座號	姓名	性別	體重	身高	BMI值	體質分析
8	黃小葵	女	33	147	15.3	過輕
7	張世修	男	33	145	15.7	過輕
3	李小夫	男	34	148	15.5	過輕

2 輸入公式輕鬆算 BMI

【BMI】的公式是【體重/(身高/100)/(身高/100)】，讓我們來算算每個人的身體質量是多少吧！

◎ 開啓練習小檔案

BMI統計分析

座號	姓名	性別	體重	身高	BMI值	體質分析
1	許小玉	女	40	146		
2	莊正男	男	43	144		
3	李小夫	男	34	148		
4	曾士美	女	43	140		
5	陳胖虎	男	42	138		
6	王大雄	男	43	150		
7	張世修	男	33	145		
8	黃小葵	女	33	147		
9	林靜香	女	37	138		
10	范妮妮	女	57	152		

1

開啟本課練習小檔案

這是一份模擬已調查好全班同學身高體重的統計表

◎ 輸入 BMI 計算公式

座號	姓名	性別	體重	身高	BMI值	體質分析
1	許小玉	女	40	146	=	
2	莊正男	男	43	144		
3	李小夫	男	34	148		
4	曾士美	女	43	140		
5	陳胖虎	男	42	138		
6	王大雄	男	43	150		
7	張世修	男	33	145		
8	黃小葵	女	33	147		
9	林靜香	女	37	138		

1

點選【BMI值】下方的儲存格(F3)，先輸入【=】

座號	姓名	性別	體重	身高	BMI值	體質分析
1	許小玉	女	40	146	=D3/	
2	莊正男	男	43	144		
3	李小夫	男	34	148		
4	曾士美	女	43	140		
5	陳胖虎	男	42	138		
6	王大雄	男	43	150		
7	張世修	男	33	145		
8	黃小葵	女	33	147		
9	林靜香	女	37	138		

2

點選【體重】下的【40】(D3) 儲存格，接著輸入【/】

座號	姓名	性別	體重	身高	BMI值	體質分析
1	許小玉	女	40	146	=D3/E3	
2	莊正男	男	43	144		
3	李小夫	男	34	148		
4	曾士美	女	43	140		
5	陳胖虎	男	42	138		
6	王大雄	男	43	150		
7	張世修	男	33	145		
8	黃小葵	女	33	147		

3 接著點選【身高】下方的【146】(E3) 儲存格

座號	姓名	性別	體重	身高	BMI值	體質分析
1	許小玉	女	40	=D3/E3/100		
2	莊正男	男	43	144		
3	李小夫	男	34	148		
4	曾士美	女	43	140		
5	陳胖虎	男	42	138		
6	王大雄	男	43	150		
7	張世修	男	33	145		
8	黃小葵	女	33	147		

4 然後繼續輸入【/100】

座號	姓名	性別	體重	身高	BMI值	體質分析
1	許小玉	女	40	=D3/(E3/100)		
2	莊正男	男	43	144		
3	李小夫	男	34	148		
4	曾士美	女	43	140		
5	陳胖虎	男	42	138		
6	王大雄	男	43	150		
7	張世修	男	33	145		
8	黃小葵	女	33	147		

5 在【E3/100】兩邊輸入括號【(】與【)】

> () 內的算式，表示要先計算。

座號	姓名	性別	體重	身高	BMI值	體質分析
1	許小玉	女	40	=D3/(E3/100)		
2	莊正男	男	43	144		
3	李小夫	男	34	148		
4	曾士美	女	43	140		
5	陳胖虎	男	42	138		
6	王大雄	男	43	150		
7	張世修	男	33	145		
8	黃小葵	女	33	147		

6 拖曳選取【/(E3/100)】，按 Ctrl + C 複製

座號	姓名	性別	體重	身高	BMI值	體質分析
1	許小玉	女	40	=D3/(E3/100)/(E3/100)		
2	莊正男	男	43	144		
3	李小夫	男	34	148		
4	曾士美	女	43	140		
5	陳胖虎	男	42	138		
6	王大雄	男	43	150		
7	張世修	男	33	145		
8	黃小葵	女	33	147		

7 在【/(E3/100)】後面點1下，按 Ctrl + V 貼上完成輸入：
=D3/(E3/100)/(E3/100)

座號	姓名	性別	體重	身高	BMI值	體質分析
1	許小玉	女	40	146	18.76525	
2	莊正男	男	43	144		
3	李小夫	男	34	148		
4	曾士美	女	43	140		
5	陳胖虎	男	42	138		
6	王大雄	男	43	150		
7	張世修	男	33	145		
8	黃小葵	女	33	147		
9	林靜香	女	37	138		
10	范妮妮	女	57	152		

8 按 Enter 確認後，就算出第一個人(許小玉)的身體質量(BMI)囉！

9 點選F3儲存格，在【常用】標籤下，按幾下 .00 →.0 到只剩一位小數位數

🎯 套用(複製)公式給每個人

座號	姓名	性別	體重	身高	BMI值	體質分析
1	許小玉	女	40	146	18.8	
2	莊正男	男	43	144		
3	李小夫	男	34	148		
4	曾士美	女	43	140		
5	陳胖虎	男	42	138		
6	王大雄	男	43	150		
7	張世修	男	33	145		
8	黃小葵	女	33	147		

1 游標移到F3儲存格右下角，直到出現 ✛

座號	姓名	性別	體重	身高	BMI值	體質分析
1	許小玉	女	40	146	18.8	
2	莊正男	男	43	144	20.7	
3	李小夫	男	34	148	15.5	
4	曾士美	女	43	140	21.9	
5	陳胖虎	男	42	138	22.1	
6	王大雄	男	43	150	19.1	
7	張世修	男	33	145	15.7	
8	黃小葵	女	33	147	15.3	
9	林靜香	女	37	138	19.4	
10	范妮妮	女	57	152	24.7	

2 按住左鍵，向下拖曳到最後一格 (F12)，將公式套用到其他所有人

3 篩選過輕、正常與過重

算出BMI後，再根據數值，篩選並標示出【過輕】、【正常】與【過重】分別是哪些吧！

座號	姓名	性別	體重	身高	BMI值	體質分析
1	許小玉	女	40	146	18.8	
2	莊正男	男	43	144	20.7	
3	李小夫	男	34	148	15.5	
4	曾士美	女	43	140	21.9	
5	陳胖虎	男	42	138	22.1	
6	王大雄	男	43	150	19.1	
7	張世修	男	33	145	15.7	
8	黃小葵	女	33	147	15.3	
9	林靜香	女	37	138	19.4	
10	范妮妮	女	57	152	24.7	

→

座號	姓名	性別	體重	身高	BMI值	體質分析
2	莊正男	男	43	144	20.7	正常
3	李小夫	男	34	148	15.5	過輕
4	曾士美	女	43	140	21.9	過重
5	陳胖虎	男	42	138	22.1	過重
6	王大雄	男	43	150	19.1	正常
7	張世修	男	33	145	15.7	過輕
8	黃小葵	女	33	147	15.3	過輕
9	林靜香	女	37	138	19.4	正常
10	范妮妮	女	57	152	24.7	過重

◎ 小於或等於 15.8 - 過輕

BMI 值	體位等級
<=15.8	過輕
>15.8且 <21	正常
>=21	過重

我們就以上列指數標準來做練習

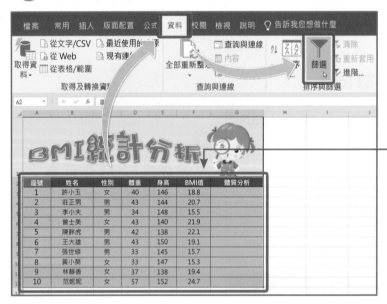

❶

拖曳選取 A2 ~ G12 儲存格

然後按【資料】標籤，再按【篩選】

座號	姓名	性別	體重	身高	BMI值	體質分析
1	許小玉	女	40	146	18.8	
2	莊正男	男	43	144	20.7	
3	李小夫	男	34	148	15.5	
4	曾士美	女	43	140	21.9	
5	陳胖虎	男	42	138	22.1	
6	王大雄	男	43	150	19.1	
7	張世修	男	33	145	15.7	

❷

上方的七個項目儲存格，就會出現下拉方塊

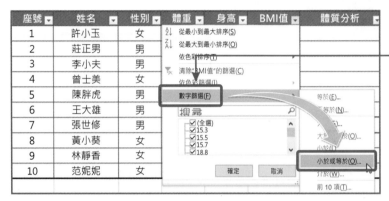

座號	姓名	性別	體重	身高	BMI值	體質分析
1	許小玉	女	40	146	18.8	
2	莊正男	男	43	144	20.7	
3	李小夫	男	34	148	15.5	
4	曾士美	女	43	140	21.9	
5	陳胖虎	男	42	138	22.1	
6	王大雄	男	43	150	19.1	
7	張世修	男	33	145	15.7	
8	黃小葵	女	33	147	15.3	

3 點1下任一儲存格，取消選取後，按【BMI值】的下拉方塊

座號	姓名	性別	體重	身高	BMI值	體質分析
1	許小玉	女				
2	莊正男	男				
3	李小夫	男				
4	曾士美	女				
5	陳胖虎	男				
6	王大雄	男				
7	張世修	男				
8	黃小葵	女				
9	林靜香	女				
10	范妮妮	女				

從最小到最大排序(S)
從最大到最小排序(O)
依色彩排序(T)
清除"BMI值"的篩選(C)
依色彩篩選(I)
數字篩選(F)
搜尋
☑(全選) ☑15.3 ☑15.5 ☑15.7 ☑18.8
確定 取消
等於(E)
不等於(N)
大於(O)
小於(I)
小於或等於(O)...
介於(W)...
前 10 項(T)...

4 點選【數字篩選 / 小於或等於】

自訂自動篩選
顯示符合條件的列:
BMI值
小於或等於 | 15.8
● 且(A) ○ 或(O)
可使用 ? 代表任何單一字元
可使用 * 代表任何連續字串
確定 取消

5 小於或等於輸入【15.8】，然後按【確定】只顯示 BMI 小於或等於 15.8 的名單

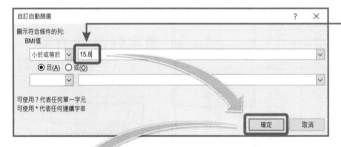

BMI統計分析

座號	姓名	性別	體重	身高	BMI值	體質分析
3	李小夫	男	34	148	15.5	過輕
7	張世修	男	33	145	15.7	
8	黃小葵	女	33	147	15.3	

6 接著到【體質分析】下的第1個儲存格輸入【過輕】

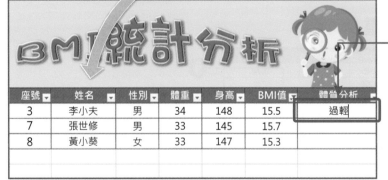

座號	姓名	性別	體重	身高	BMI值	體質分析
3	李小夫	男	34	148	15.5	過輕
7	張世修	男	33	145	15.7	
8	黃小葵	女	33	147	15.3	

7 游標移到儲存格右下角，直到出現 ✚

座號	姓名	性別	體重	身高	BMI值	體質分析
3	李小夫	男	34	148	15.5	過輕
7	張世修	男	33	145	15.7	過輕
8	黃小葵	女	33	147	15.3	過輕

8 按住左鍵，拖曳填滿到最下面一格

9 接著按1下【清除】，就會再度顯示所有名單

座號	姓名	性別	體重	身高	BMI值	體質分析
1	許小玉	女	40	146	18.8	
2	莊正男	男	43	144	20.7	
3	李小夫	男	34	148	15.5	過輕
4	曾士美	女	43	140	21.9	
5	陳胖虎	男	42	138	22.1	
6	王大雄	男	43	150	19.1	
7	張世修	男	33	145	15.7	過輕
8	黃小葵	女	33	147	15.3	過輕
9	林靜香	女	37	138	19.4	
10	范妮妮	女	57	152	24.7	

介於 15.8 與 21 - 正常

座號	姓名	性別	體重	身高	BMI值	體質分析
1	許小玉	女	40	146	18.8	正常
2	莊正男	男	43	144	20.7	正常
3	李小夫	男	34	148	15.5	過輕
4	曾士美	女	43	140	21.9	
5	陳胖虎	男	42	138	22.1	
6	王大雄	男	43	150	19.1	正常
7	張世修	男	33	145	15.7	過輕
8	黃小葵	女	33	147	15.3	過輕
9	林靜香	女	37	138	19.4	正常
10	范妮妮	女	57	152	24.7	

1 仿照 P109 **3** ~ P110 **9** 技巧，篩選出【正常】的名單

數字篩選 / 介於
(大於 15.8 且小於 21)

顯示符合條件的列:
BMI值
大於　　15.8
●且(A)　○或(O)
小於　　21

大於或等於 21 - 過重

座號	姓名	性別	體重	身高	BMI值	體質分析
1	許小玉	女	40	146	18.8	正常
2	莊正男	男	43	144	20.7	正常
3	李小夫	男	34	148	15.5	過輕
4	曾士美	女	43	140	21.9	過重
5	陳胖虎	男	42	138	22.1	過重
6	王大雄	男	43	150	19.1	正常
7	張世修	男	33	145	15.7	過輕
8	黃小葵	女	33	147	15.3	過輕
9	林靜香	女	37	138	19.4	正常
10	范妮妮	女	57	152	24.7	過重

1 仿照 P109 **3** ~ P110 **9** 技巧，篩選出【過重】的名單

數字篩選 / 大於或等於
(大於或等於 21)

顯示符合條件的列:
BMI值
大於或等於　　21
●且(A)　○或(O)

當體重或身高的數值更改時，BMI 值會自動改變，而體質分析則需要仿照 P109 **3** ~ P110 **9** 技巧，再重新設定。

4 凍結窗格

【凍結窗格】能讓某列或欄固定，利用這個功能可以解決在瀏覽數據時，看了項目標題卻忘了下面的數據，或是看著下面的數據，卻忘了項目是什麼的狀況喔！

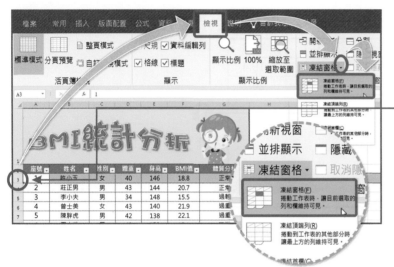

①
點1下列號【3】，選取整列

按【檢視】標籤，再按【凍結窗格】下拉方塊，點選【凍結窗格】

②
在空白處點1下，取消選取後，使用滑鼠滾輪(或拖曳右側捲軸)，看看凍結的變化吧！

> 列號【3】以上的儲存格被固定住，即使瀏覽到最後一個同學，仍能清楚對照每個項目喔！

 老師說

想取消凍結，按【凍結窗格】下拉方塊，點選【取消凍結窗格】就可以囉！另外，若想同時凍結列位與欄位，可以參考教學影片喔！

命名與新增工作表

當工作表開始變多時，就需要為它們個別命名，方便辨識在該工作表上的各是什麼內容喔！趕快來學！

◎ 更改原工作表名稱

10	8	黃小葵	女	33	147	15.3
11	9	林靜香	女	37	138	19.4
12	10	范妮妮	女	57	152	24.7
13						
14						
15						
16						

工作表1

就緒

① 點2下【工作表1】

10	8	黃小葵	女	33	147	15.3
11	9	林靜香	女	37	138	19.4
12	10	范妮妮	女	57	152	24.7
13						
14						
15						
16						

BMI值調查表

就緒

② 輸入【BMI值調查表】，按 Enter 確認

◎ 新增工作表

10	8	黃小葵	女	33	147	15.3
11	9	林靜香	女	37	138	19.4
12	10	范妮妮	女	57	152	24.7
13						
14						
15						
16						

BMI值調查表 ⊕

就緒

① 按1下 ⊕，新增一個工作表

 小提示

新增並命名後的工作表，會在下一節來放樞紐分析表喔！

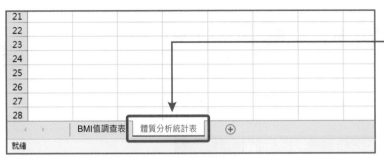

更改新工作表的名稱為【體質分析統計表】

設定工作表標籤色彩

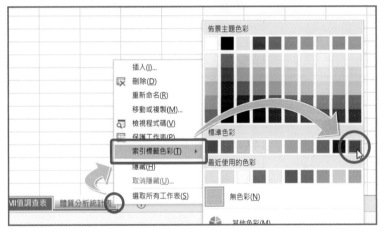

1

設定【BMI值調查表】標籤色彩：

A 在【BMI值調查表】上按右鍵

B 游標移到【索引標籤色彩】

C 點選 ■ 或其他喜歡的顏色

2

接著繼續設定一下【體質分析統計表】的標籤色彩吧！

 老師說

想刪除工作表，到工作表標籤上，按右鍵，點選【刪除】就可以囉！

6 體質人數分析 - 樞紐分析表

【樞紐分析表】是一種能快速合併與比較資料的互動式表格，適合用在排序、篩選、統計或分析等要求，是 Excel 中好用的工具喔！

例如：

計數 - 體質分析	欄標籤 ▾		
列標籤 ▾	女	男	總計
正常	2	2	4 ●──A
過重	2	1	3 ●──B
過輕	1	2	3 ●──C
總計	5	5	10

樞紐分析表

A

座號 ▾	姓名 ▾	性別 ▾	體重 ▾	身高 ▾	BMI值 ▾	體質分析 ▾
1	許小玉	女	40	146	18.8	正常
9	林靜香	女	37	138	19.4	正常
2	莊正男	男	43	144	20.7	正常
6	王大雄	男	43	150	19.1	正常

正常名單

B

座號 ▾	姓名 ▾	性別 ▾	體重 ▾	身高 ▾	BMI值 ▾	體質分析 ▾
10	范妮妮	女	57	152	24.7	過重
4	曾士美	女	53	140	21.9	過重
5	陳胖虎	男	42	138	22.1	過重

過重名單

C

座號 ▾	姓名 ▾	性別 ▾	體重 ▾	身高 ▾	BMI值 ▾	體質分析 ▾
8	黃小葵	女	33	147	15.3	過輕
7	張世修	男	33	145	15.7	過輕
3	李小夫	男	34	148	15.5	過輕

過輕名單

但是樞紐分析表長在哪裡？要怎麼產生啊？

插入樞紐分析表

接著就用這份調查表,建立樞紐分析表,來統計分析同學們的體位健康狀況吧!

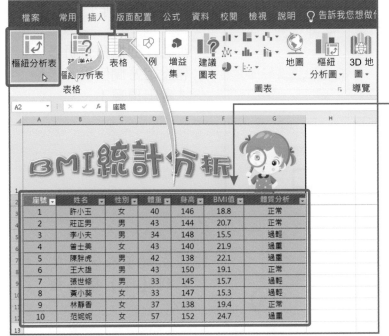

① 選取A2~G12儲存格,接著在【插入】標籤下,按【樞紐分析表】

> 想產生樞紐分析表,要先選擇輸入資料的分析範圍,和放置的位置。

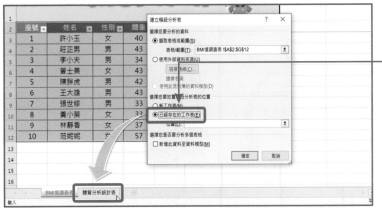

② 點選【已經存在的工作表】,然後按1下【體質分析統計表】標籤

③ 點選【A1】儲存格,然後按【確定】

出現可勾選的欄位標題後，將游標移到【性別】上

> 新插入的樞紐分析表，需設定好欄位後，表格才會出現喔！

按住左鍵不放，拖曳【性別】到【欄】欄位裡

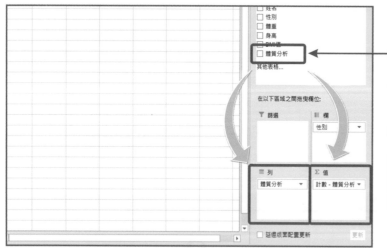

接著繼續拖曳【體質分析】到【列】欄與【Σ值】欄裡

> 【Σ值】是自動計算總和的符號。

此時就會自動計算你所指定這些值的總計，成功產生樞紐分析表囉！

套用樣式

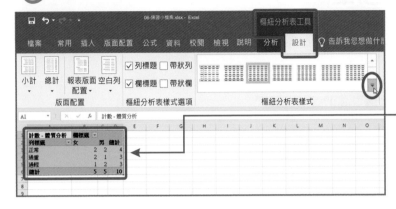

拖曳選取整個表格後，按【樞紐分析表工具 / 設計】標籤，再按樞紐分析表樣式的 ▼ (其他)

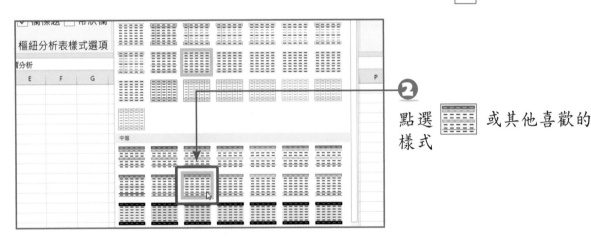

② 點選 或其他喜歡的樣式

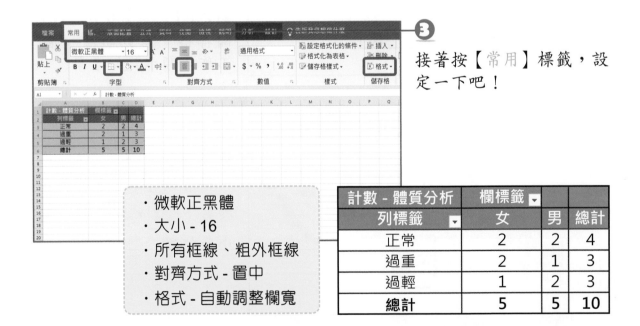

③ 接著按【常用】標籤，設定一下吧！

- 微軟正黑體
- 大小 - 16
- 所有框線、粗外框線
- 對齊方式 - 置中
- 格式 - 自動調整欄寬

計數 - 體質分析	欄標籤 ▼		
列標籤 ▼	女	男	總計
正常	2	2	4
過重	2	1	3
過輕	1	2	3
總計	**5**	**5**	**10**

產生分類名單

從【樞紐分析表】就可以產生【正常】、【過重】與【過輕】的個別詳細名單喔！趕快來練習！

座號	姓名	性別	體重	身高	BMI值	體質分析
1	許小玉	女	40	146	18.8	正常
9	林靜香	女	37	138	19.4	正常
2	莊正男	男	43	144	20.7	正常
6	王大雄	男	43	150	19.1	正常

座號	姓名	性別	體重	身高	BMI值	體質分析
10	范妮妮	女	57	152	24.7	過重
4	曾士美	女	53	140	21.9	過重
5	陳胖虎	男	42	138	22.1	過重

座號	姓名	性別	體重	身高	BMI值	體質分析
8	黃小葵	女	33	147	15.3	過輕
7	張世修	男	33	145	15.7	過輕
3	李小夫	男	34	148	15.5	過輕

產生【正常】名單

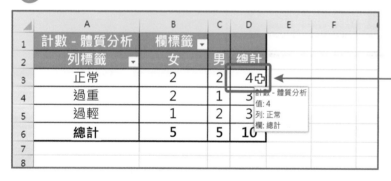

1. 點2下【正常】右方的D3儲存格，自動新增一個工作表顯示詳細名單

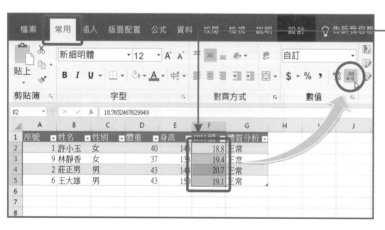

2. 拖曳選取 F2～F5 儲存格，接著按【常用】標籤，按幾下 .00 →.0 ，到只剩一個小數位數

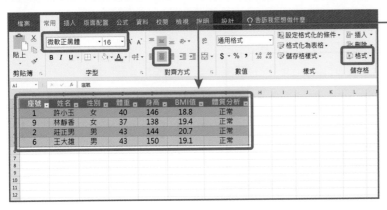

③

拖曳選取整個表格，設定如下：

· 微軟正黑體
· 大小 - 16
· 對齊方式 - 置中
· 格式 - 自動調整欄寬

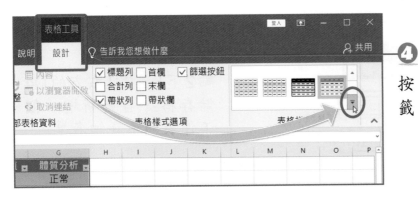

④

按【表格工具 / 設計】標籤，按表格樣式的 ▽

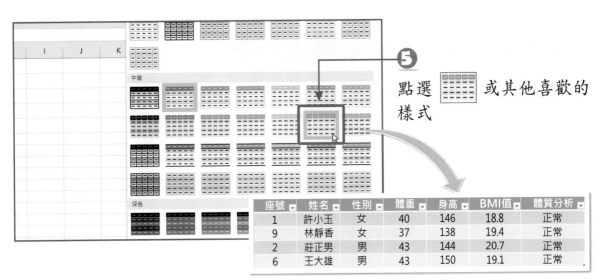

⑤

點選 ⊞ 或其他喜歡的樣式

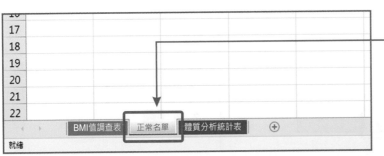

⑥

將工作表標籤名稱更改為【正常名單】，並設定顏色為 ▮

產生【過重】名單

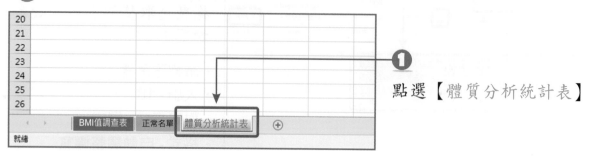

① 點選【體質分析統計表】

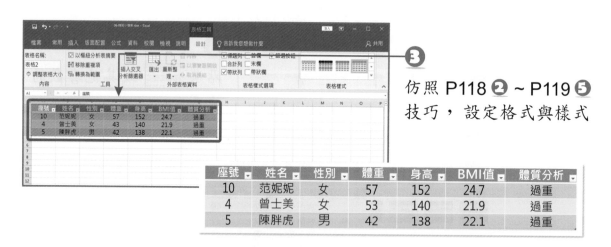

② 點2下【過重】右方的D4 儲存格，自動新增一個 工作表顯示詳細名單

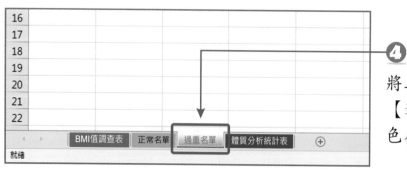

③ 仿照 P118 **②** ~ P119 **⑤** 技巧，設定格式與樣式

座號	姓名	性別	體重	身高	BMI值	體質分析
10	范妮妮	女	57	152	24.7	過重
4	曾士美	女	53	140	21.9	過重
5	陳胖虎	男	42	138	22.1	過重

④ 將工作表標籤名稱更改為 【過重名單】，並設定顏 色為 ■

🎯 產生【過輕】名單

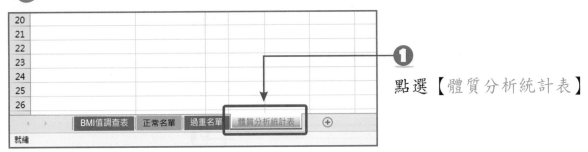

1 點選【體質分析統計表】

2 點2下【過輕】右方的D5 儲存格，自動新增一個 工作表顯示詳細名單

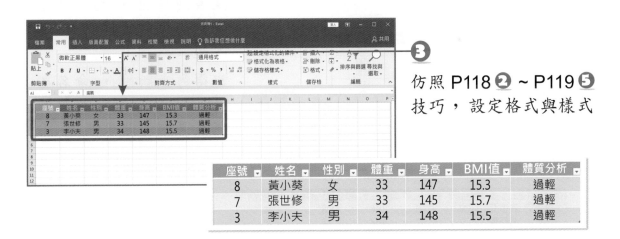

3 仿照 P118 **2** ～ P119 **5** 技巧，設定格式與樣式

座號	姓名	性別	體重	身高	BMI值	體質分析
8	黃小葵	女	33	147	15.3	過輕
7	張世修	男	33	145	15.7	過輕
3	李小夫	男	34	148	15.5	過輕

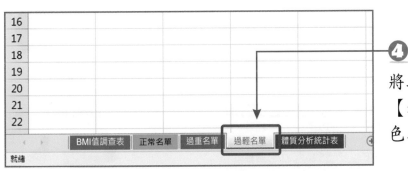

4 將工作表標籤名稱更改為 【過輕名單】，並設定顏 色為 ▨

拖曳調整工作表順序

1 按住【體質分析統計表】標籤不放

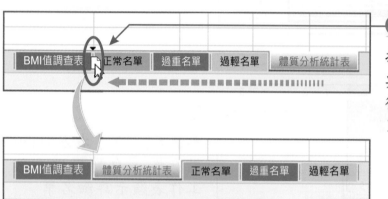

2 拖曳到【BMI值調查表】與【正常名單】中間，然後放開左鍵，就完成拖曳調整順序囉！

3 練習到這裡，這份身體質量的統計分析，已經大功告成囉！

記得另存新檔，命名為【06-BMI統計分析】，將成果儲存起來吧！

耶！完成！

懂 更 多　　將 Excel 名單套印到 Word

用 Excel 建立的名單，可直接連結套印到 Word 中，大量套印資料，不需要一個個輸入資料與編排，快速又方便喔！ 讓我們以製作班級個人名牌為例來做練習：

❶ 用 Excel 建立姓名與座號名單。

❷ 用 Word 設定與 Excel 名單的連結套板。

❸ 完成與合併(套印)後，即可產生一份成果，方便列印。

★ 詳細步驟示範，請參考 教學影片！

 我 是 高 手　　收支糾察隊

開啟本課【06-收支糾察隊.xlsx】，利用樞紐分析表檢視一下花費，找出影響儲蓄最大的部分是什麼吧！

本週收支紀錄

日期	項目	摘要	支出	收入	小計
8月1日	收入	7月結餘		680	680
8月1日	收入	每週爸媽固定給的零用錢		1,000	1,680
8月1日	娛樂	木柵動物園門票	150		1,530
8月1日	交通	貓空纜車	70		1,460
8月1日	餐費	快樂兒童餐	69		1,391
8月2日	購物	3支原子筆	60		1,331
8月3日	餐費	雞排+珍珠奶茶	85		1,246
8月3日	購物	小華的生日禮物	150		1,096
8月4日	收入	考試100分媽媽的獎勵		300	1,396
8月4日	餐費	雞腿飯	80		1,316
8月5日	娛樂	哈利波特電影片	280		1,036
8月5日	交通	悠遊卡加值	200		836
8月6日	購物	故事書1本	140		696
8月7日	餐費	牛肉麵	85		611

要減少非必要的花費喔！

練功囉

( ) ① 計算公式【=F3/(E3/100)】其中 () 內的算式，表示？

　　　1.重要的資料　　　2.要先計算　　　3.不用計算

( ) ② 用【樞紐分析表】可以做什麼？

　　　1.分析資料　　　2.製作按鈕　　　3.套用樣式

( ) ③ 想篩選出 BMI 值的正常、過重、過輕，要到哪個標籤？

　　　1.校閱　　　　　2.資料　　　　　3.檢視

( ) ④ 想安排工作表的順序，要在工作表標籤上做什麼？

　　　1.點1下　　　　2.點2下　　　　3.按住拖曳

本課動畫遊戲測驗

同學！快到【動畫測驗遊戲】來驗收學習成果吧！

快來闖關吧！

　　　□　我通過測驗了！

7 超級比一比

- 統計表變圖表

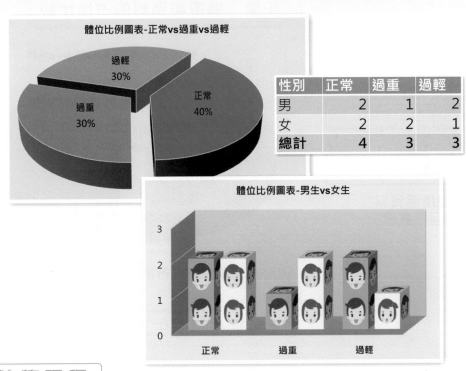

性別	正常	過重	過輕
男	2	1	2
女	2	2	1
總計	**4**	**3**	**3**

統整課程

核心概念

◎ 能認識與使用資訊科技以表達想法

◎ 能運用基礎科技與邏輯符號進行人際溝通與概念表達

課程重點

◎ 學會製作立體圓形圖表

◎ 學會製作立體直條圖表

◎ 學會設定圖表格式

◎ 學會合併工作表

圖表呈現一眼就懂

【圖表】可以將資料圖形化，讓資料更好辨識解讀，也可輕鬆比較出差異與多寡！讓我們延續上一課的【BMI】統計分析，來練習做圖表吧！

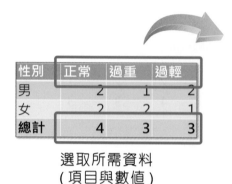

性別	正常	過重	過輕
男	2	1	2
女	2	2	1
總計	4	3	3

選取所需資料
(項目與數值)

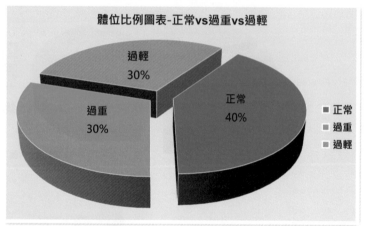

圓形圖 - 適合呈現各項目所佔的比例

各種體位男女生人數比較

性別	正常	過重	過輕
男	2	1	2
女	2	2	1
總計	4	3	3

選取所需資料
(項目、類別與數值)

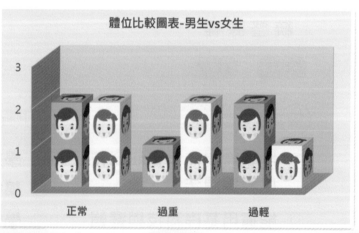

直條圖 - 適合呈現各項目(類別)數量的多寡

體位比例圖表 - 立體圓形圖

根據統計表,選取所需的資料,來製作一個正常、過重與過輕人數佔比的比較圖表吧!(立體圓形圖)

開啟練習小檔案

	A	B	C	D	E	F	G
1	性別	正常	過重	過輕			
2	男	2	1	2			
3	女	2	2	1			
4	總計	4	3	3			
5							

①

開啟本課練習小檔案

> 此檔案已預先做好 3 個工作表,第1個是【體位統計表】。上面是同學的體位(身體質量)統計簡表。另外 2 個是空白工作表,課程練習時會用到。

選取資料與插入立體圓形圖

	A	B	C	D	E	F	G
1	性別	正常	過重	過輕			
2	男	2	1	2			
3	女	2	2	1			
4	總計	4	3	3			
5							
6							

①

先拖曳選取 B1~D1 儲存格,再按住 Ctrl ,拖曳選取 B4~D4 儲存格

> 一樣是統計表,為什麼不使用上一課做的樞紐分析表呢?

老師說

製作圖表前,要先有清楚、簡單的資料表格,例如練習小檔案上面的【體位統計表】。而上一課製作的【樞紐分析表】,因為表列方式較特殊,不容易選取想要的資料 (由它來產生圖表,也會出現多餘的物件),所以不適合拿來製作圖表。

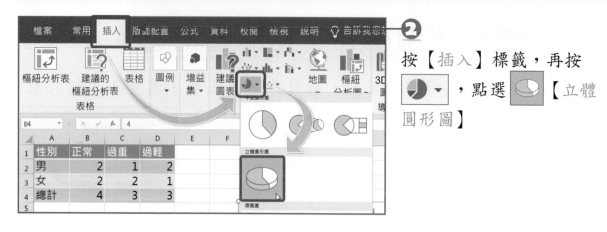

按【插入】標籤，再按
🥧▼，點選 🥧【立體
圓形圖】

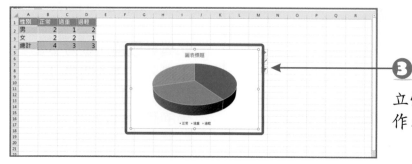

③

立體圓形圖就會出現在工
作表中囉！

🎯 移動圖表到別的工作表上

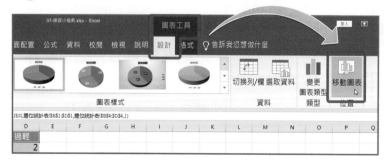

❶

圖表在選取狀態下，到
【圖表工具 / 設計】標籤
，按【移動圖表】

❷

設定：

Ⓐ 點選【工作表中的物件】

Ⓑ 按下拉方塊，點選【體
位比例圖表-正常vs過
重vs過輕】

Ⓒ 按【確定】

這樣圖表就搬到指定的工
作表上囉！

◎ 放大圖表與版面配置

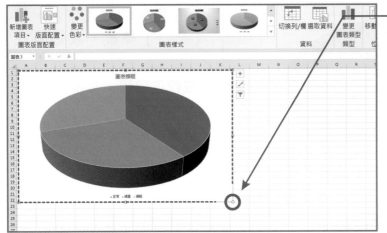

❶ 拖曳圖表到左上方，然後按住 Shift ，拖曳右下角的控點，等比例放大圖表約如圖示

> 拖曳移動時，要按住比較靠近框線的白色背景再拖曳，否則可能會移動到中間的圓形圖喔！

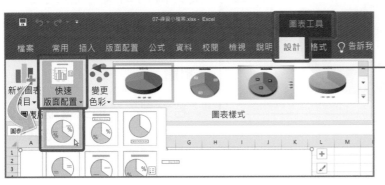

❷ 在【圖表工具 / 設計】標籤，按【快速版面配置】，點選 【版面配置1】

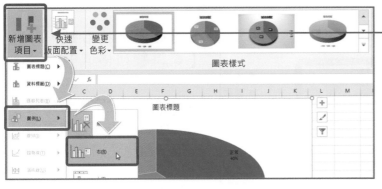

❸ 按【新增圖表項目】，點選【圖例 / 右】

◎ 輸入標題與設定文字格式

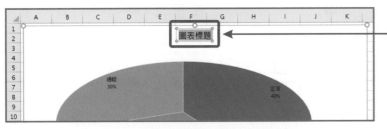

❶ 點選標題，拖曳選取文字，然後輸入【體位比例圖表-正常 vs 過重 vs 過輕】

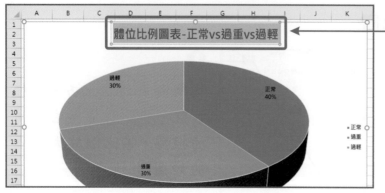

拖曳選取標題文字後,按【常用】標籤,設定格式

- 微軟正黑體
- 大小 - 20
- 粗體

❸

接著繼續設定一下資料標籤與圖例的文字格式吧!

- 微軟正黑體
- 大小 - 18
- 粗體

若文字不易拖曳選取,可點一下文字,再點選文字框線來設定。

◎ 設定圖形分裂

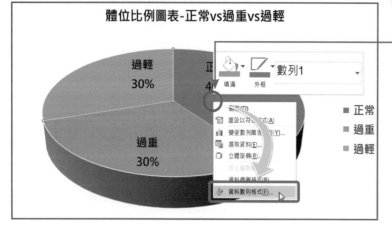

❶

在圓形圖上按右鍵,點選【資料數列格式】

經調整、設定圖表格式,可讓圖表表達得更清楚,且更活潑美觀喔!

❷

使用⬍將第一扇區起始角度設為【35°】

使用⬍將圓形圖分裂設為【10%】

🎯 設定資料標籤位置

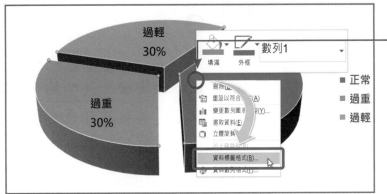

❶ 在圓形圖上按右鍵，點選
【資料標籤格式】

❷ 標籤位置點選【置中】

🎯 設定圖表背景

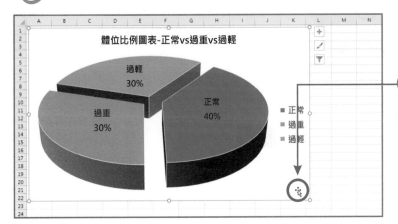

❶ 點1下圖表的白色背景

老師說

點1下圖形，再點1下想選取的個別扇形
，就可單獨選取該物件，來針對它進行
修改，例如更換顏色、框線、效果...等。
(在【圖表工具 / 格式】標籤下)

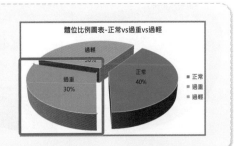

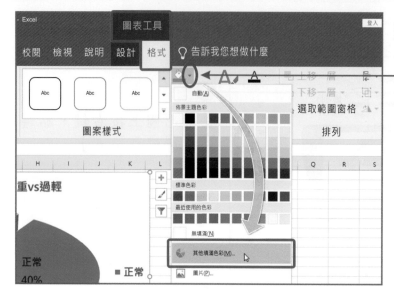

按【圖表工具／格式】標籤，然後按  的 ▾，點選【其他填滿色彩】

🖋 **小提示**

> 單選圖表上扇形物件，也可以用這個方法來更改顏色喔！

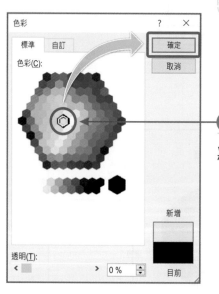

3

點選 ▢，按【確定】

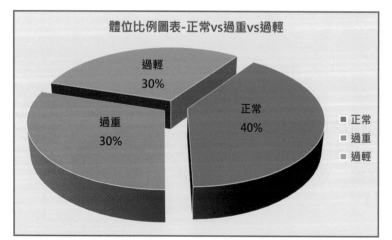

4

最後點1下任一空白儲存格取消選取，這個立體圓形圖圖表就完成設定囉！

③ 男 / 女比較圖表 - 立體直條圖

接下來，針對性別與體位的個別統計人數，來做一個比較圖表吧！
(立體直條圖)

◎ 選取資料與插入立體直條圖

	A	B	C	D	E	F
1	性別	正常	過重	過輕		
2	男	2	1	2		
3	女	2	2	1		
4	總計	4	3	3		
5						

①

點選回到【體位統計表】
(工作表)

然後拖曳選取A1~D3儲
存格

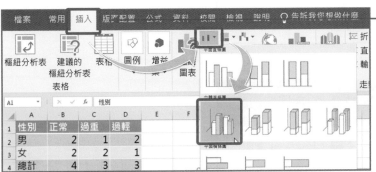

②

按【插入】標籤，再按
▮▮ ▾，點選 ▮▮ 【立體
群組直條圖】

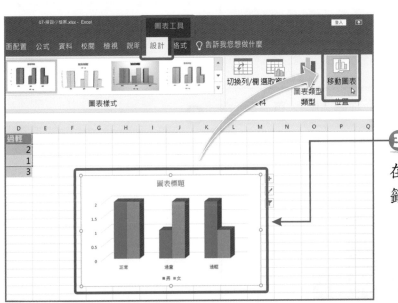

③

在【圖表工具 / 設計】標
籤下，按【移動圖表】

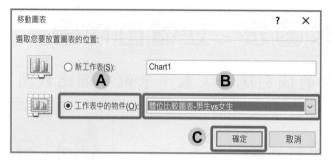

④ 設定：

Ⓐ 點選【工作表中的物件】

Ⓑ 下拉方塊，點選【體位比較圖表-男生vs女生】

Ⓒ 按【確定】

◎ 放大與版面配置

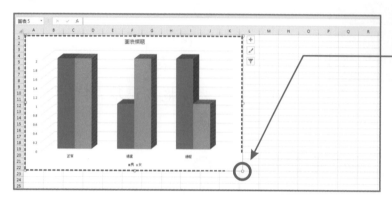

❶ 拖曳圖表到左上方，然後按住 Shift，拖曳右下角的控點，等比例放大圖表約如圖示

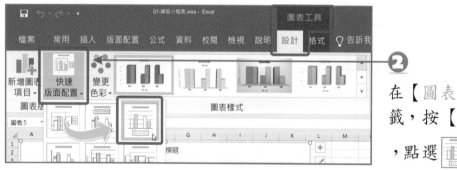

❷ 在【圖表工具 / 設計】標籤，按【快速版面配置】，點選【版面配置3】

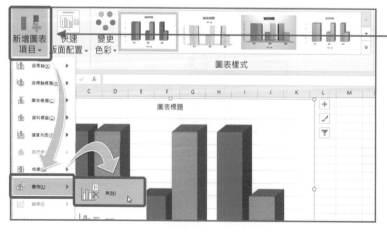

❸ 按【新增圖表項目】，點選【圖例 / 無】

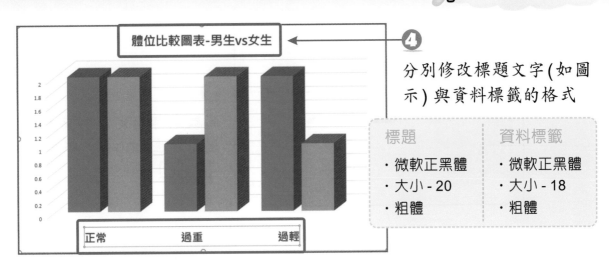

④

分別修改標題文字(如圖示) 與資料標籤的格式

標題	資料標籤
・微軟正黑體	・微軟正黑體
・大小 - 20	・大小 - 18
・粗體	・粗體

用圖案填滿直條圖

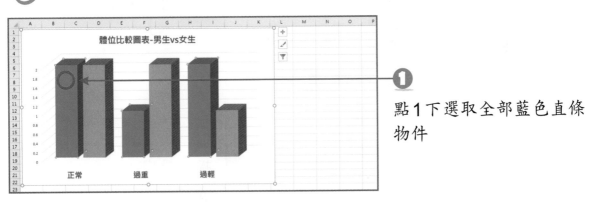

①

點1下選取全部藍色直條物件

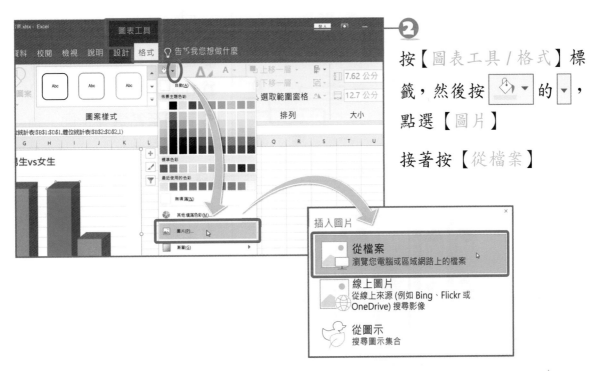

②

按【圖表工具 / 格式】標籤,然後按 🖍 ▼ 的 ▼ ,點選【圖片】

接著按【從檔案】

插入圖片

從檔案
瀏覽您電腦或區域網路上的檔案

線上圖片
從線上來源 (例如 Bing、Flickr 或 OneDrive) 搜尋影像

從圖示
搜尋圖示集合

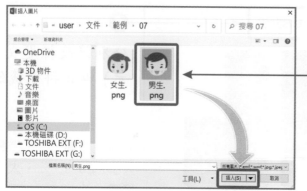

3 開啟老師指定資料夾，點選【男生.png】，然後按【插入】

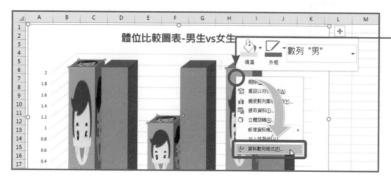

4 在已插入圖片的直條圖上，按右鍵，點選【資料數列格式】

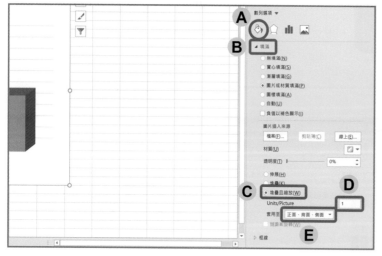

5 接著設定：

A 按 【填滿與線條】項目

B 按【填滿】

C 點選【堆疊且縮放】

D Units/Picture 輸入【1】

E 套用至點選【正面、背面、側面】

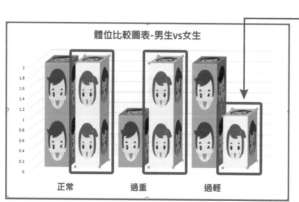

6 仿照 **1**～**5** 技巧，完成女生的圖案填滿

小提示

直條圖正面有幾張臉，就是有幾個人喔！

◎ 修改垂直(數值)軸刻度單位

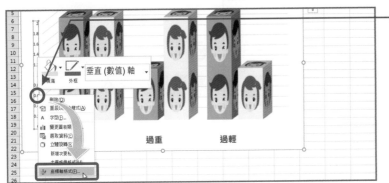

1

點選垂直(數值)軸,然後按右鍵,點選【座標軸格式】

> 人數不會有小數點,讓我們來修改一下。

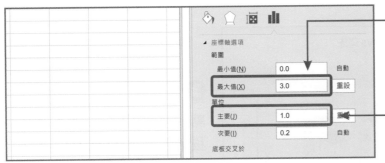

2

範圍下的最大值, 輸入【3】,然後按 Enter

3

單位下的主要,輸入【1】,然後按 Enter

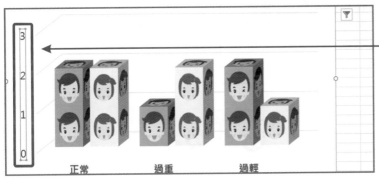

4

接著按【常用】標籤,設定文字格式

· 微軟正黑體
· 大小 - 18

◎ 設定圖表背板、底板與背景顏色

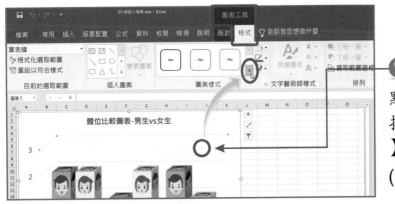

1

點1下選取直條圖背板,接著按【圖表工具 / 格式】標籤,按圖案樣式的 ▽ (其他)

2 點選圖示樣式

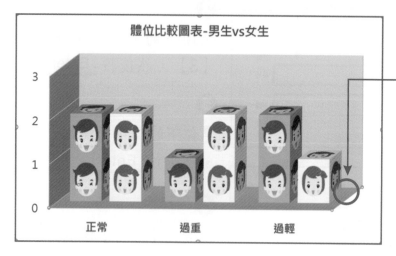

③ 點選直條圖下方的菱形底板 (原本為白色)，再仿照❶～❷技巧，設定為灰色

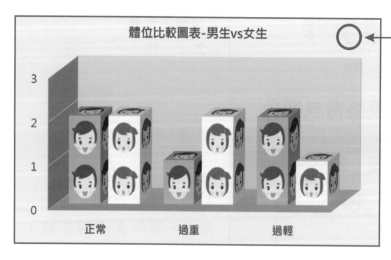

④ 接著，點選圖表的白色背景，仿照 P132 ❷～❸技巧，設定一下顏色吧！

最後點1下任一空白儲存格取消選取，這個立體直條圖圖表就完成囉！

> 練習到這裡，先另存新檔，命名為【07-體位統計圖表】，將目前的成果儲存起來吧！

4 合併工作表與保護活頁簿

不同檔案上的工作表還可以合併起來喔！另外我們還可以用【保護活頁簿】的功能，防止工作表被輕易移動順序！

◎ 合併工作表

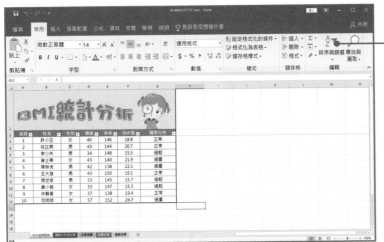

① 開啟第6課成果：
【06-BMI統計分析.xlsx】

小提示

先把要合併檔案都打開，才能進行合併動作。

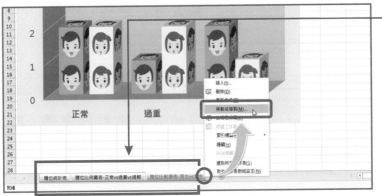

② 視窗切換回本課目前的練習成果

按住 Shift，一一點選所有工作表標籤，然後按右鍵，點選【移動或複製】

注意

若沒勾選【建立複本】，工作表會被整個搬過去，原來的檔案會不見喔！

③ 設定：

Ⓐ 活頁簿點選【06-BMI統計分析.xlsx】

Ⓑ 點選【(移動到最後)】

Ⓒ 勾選【建立複本】

Ⓓ 按【確定】

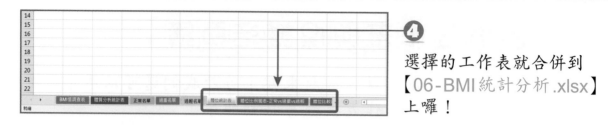

④ 選擇的工作表就合併到
【06-BMI統計分析.xlsx】
上囉！

🎯 保護活頁簿

【保護活頁簿】可以防止工作表順序被任意移動。(若希望工作表內容也不要被更改，就要用【保護工作表】喔！)

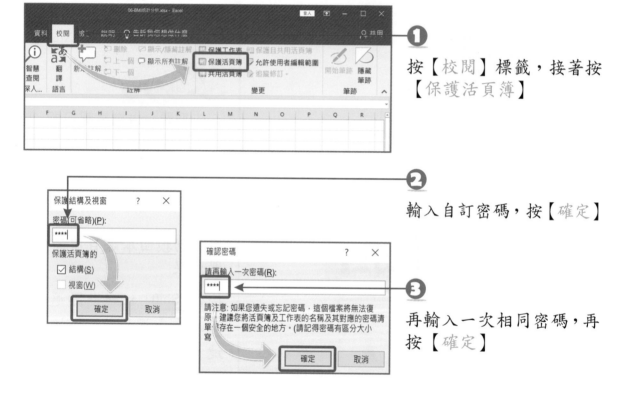

① 按【校閱】標籤，接著按
【保護活頁簿】

② 輸入自訂密碼，按【確定】

③ 再輸入一次相同密碼，再按【確定】

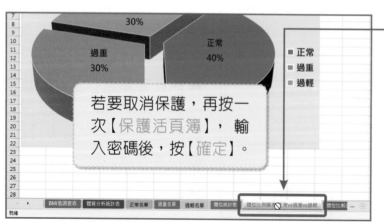

若要取消保護，再按一次【保護活頁簿】，輸入密碼後，按【確定】。

④ 在任一工作表標籤上按住左鍵不放，出現 🚫，表示設定成功，無法移動囉！

最後記得另存新檔，命名為【07-BMI統計分析-合併圖表】，將成果儲存起來吧！

懂更多　　圖表立體旋轉

在立體的圖表上，按右鍵，點選【立體旋轉】，可調整立體圖形的角度與深度喔！

趕快來試試看！

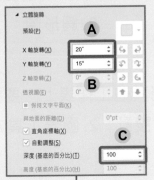

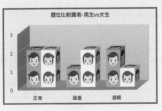

原圖

X軸 (左右) 旋轉

Y軸 (上下) 旋轉

深度

我是高手　　各科成績比較圖表

開啟本課【07-學期成績統計表.xlsx】，利用上面的表格資料，試著做一份各科成績比較圖表吧！

科目	第一次段考	期中考	期末考
國語	95	85	97
英語	100	96	99
數學	75	64	85
自然	78	100	98
社會	85	87	90
電腦	69	80	95

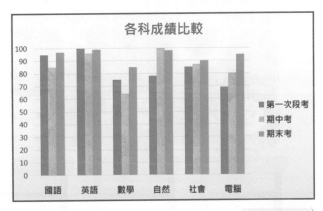

示範參考

( ) **1** 哪種圖表適合呈現各項目所佔的比例？

　　1.直條圖　　　　　2.圓形圖　　　　　3.折線圖

( ) **2** 想搬移圖表到其他工作表上，要到哪個標籤？

　　1.圖表工具／設計　2.圖表工具／格式　3.版面配置

( ) **3** 想設定圖形分裂，要在圖形上按右鍵，點選？

　　1.資料數列格式　　2.變更數列圖表類型 3.資料標籤格式

( ) **4** 想更改垂直(數值)軸的刻度單位，要按右鍵，點選？

　　1.新增次要格線　　2.主要格線格式　　3.座標軸格式

本 課 動 畫 遊 戲 測 驗

同學！快到【動畫測驗遊戲】來驗收學習成果吧！

快來闖關吧！

□　我通過測驗了！

8 英文單字小博士

統整課程

英語　綜合

核心概念

◎ 數位資料的表示方式

◎ 具備利用科技與他人互動及合作之能力與態度

◎ 數位資料於雲端上之應用、管理與分享方式

課程重點

◎ 學會使用 IF 函數

◎ 學會合併 IF 函數

◎ 學會使用 COUNTIF 函數

◎ 認識雲端硬碟與運用

用 Excel 設計測驗卷 (遊戲)

在第五課我們知道了 Excel 內建多又好用的函數，這一課繼續學習活用函數來設計互動遊戲，來做一個【英文單字測驗遊戲】吧！

不會吧！
用 Excel 也可以設計遊戲啊?!
這也太神奇了！

IF 函數組成

IF 函數的組成，通常包含1個條件式與2種回傳值。 就以下列圖案是草莓還是香蕉這個問題的答案是否成立，來看看 IF 函數是怎麼運作的：

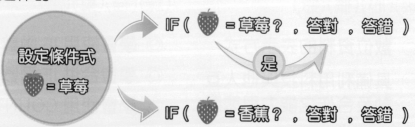

語法：
IF(條件式，True 回傳值，False 回傳值)
例： IF(C4="草莓","答對","答錯")

2 答案判斷 - IF 條件式函數

只要答題，就會有答對與答錯這兩個結果。用【IF】邏輯函數設定針對答對與答錯時，各自會出現什麼樣的回應吧！

◎ 開啟練習小檔案

(工作表1)

(工作表2)

❶

開啟本課練習小檔案

在檔案上，已經做好兩個工作表

工作表1：
是題目、答題與結果顯示頁

工作表2：
是預先打好的正確答案

◎ 插入【IF】函數與設定

❶

在【工作表1】點選C4儲存格

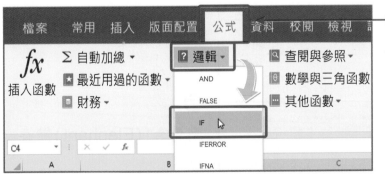

❷

按【公式】標籤，再按【邏輯】，點選【IF】

IF 函數的引述視窗：

欄位1	Logical_test	設定條件式	B4=工作表2!A1
欄位2	Value_if_true	當符合條件時，回傳值...	答對了！好棒！
欄位3	Value_if_false	當不合條件時，回傳值...	答錯了！再想想吧！

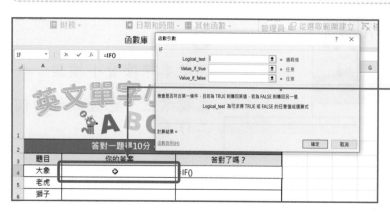

❸

點1下大象右方的 B4 儲
存格

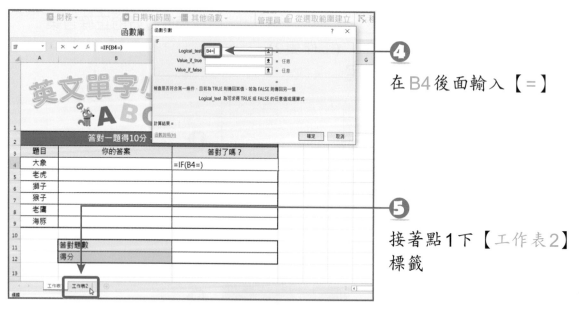

❹

在 B4 後面輸入【＝】

❺

接著點1下【工作表2】
標籤

❻

點選 A1(Elephant)儲存
格

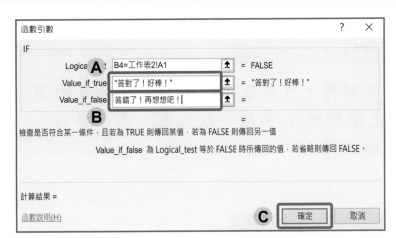

7

接著完成輸入:

A 第二欄輸入【答對了！好棒！】

B 第三欄輸入【答錯了！再想想吧！】

C 最後按【確定】

答對一題得10分,看看你能拿幾分		
題目	你的答案	答對了嗎？
大象		答錯了！再想想吧！
老虎		
獅子		
猴子		
老鷹		
海豚		
	答對題數	
	得分	

8

因為左邊的答案欄不是
Elephant (是空白的),
所以被判斷為答錯了！

沒回答
卻被判斷為答錯了...
這樣好像怪怪的。

老師說

根本沒回答,卻被判斷為【答錯了！再想想吧！】,這樣的確不合
邏輯！我們必須把答錯的部分,再區分出沒有回答(空格)的狀況才
對喔！

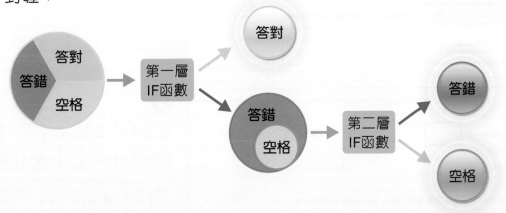

3 修改 IF 函數

還沒答題，就沒有對與錯的問題，可是原始的 IF 公式，只有兩個回傳值欄位可以設定...該怎麼辦呢？ 新增一段公式，再合併到答錯了這個回傳值欄位上就解決囉！

新增 IF 函數

1 點 1 下任一空白儲存格，然後點選【邏輯 / IF】

> 因要設定第 2 個條件，再合併到回傳欄位中，所以先在表格外設定條件。

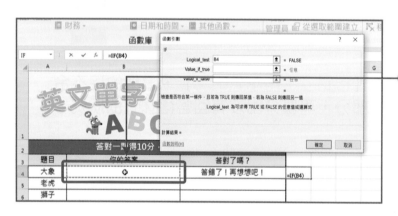

2 點 1 下 B4 儲存格

3 在 B4 後面輸入【 = " " 】
(連按兩次【 " 】雙引號)

> 【 " " 】表示空白。

英文單字小博士

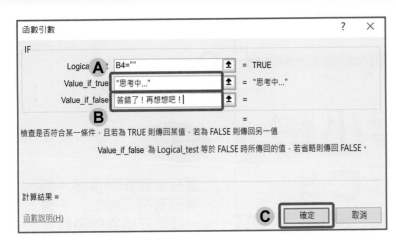

4

接著完成輸入：

Ⓐ 第二欄輸入【思考中...】

Ⓑ 第三欄輸入【答錯了！
再想想吧！】

Ⓒ 最後按【確定】

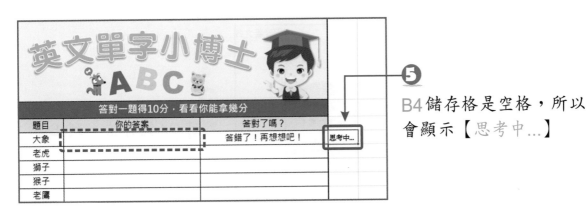

5

B4儲存格是空格，所以
會顯示【思考中...】

🎯 合併函數

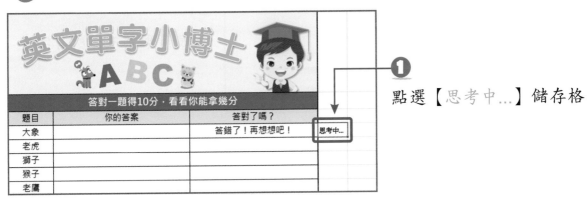

1

點選【思考中...】儲存格

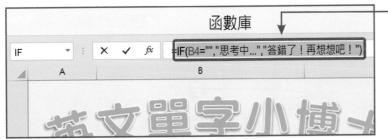

2

到上方資料編輯列，拖曳
選取 = 後的所有函數字串
，然後按 Ctrl + C 複製

接著按一下 ☑【輸入】

注意

這個步驟非常重要！如果沒有按【輸入】，會一直陷在函數的編輯狀態中，無法離開！

4
點選 C4 儲存格，到上方按一下 fx【插入函數】

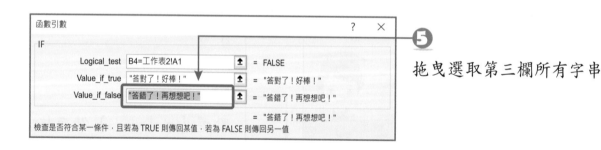

5
拖曳選取第三欄所有字串

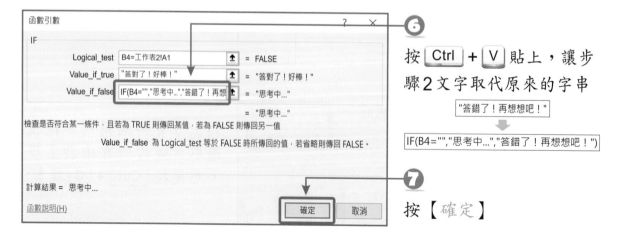

6
按 Ctrl + V 貼上，讓步驟2文字取代原來的字串

"答錯了！再想想吧！"
↓
IF(B4="","思考中...","答錯了！再想想吧！")

7
按【確定】

8
原本顯示答錯的儲存格，就會變更為 思考中...

9
點選剛剛用來設定函數的儲存格，按 Delete 刪除

🎯 填滿套用函數公式

1
點選 C4 儲存格，移動游標到右下角，直到出現 ✛

2
按住左鍵，向下拖曳到最後一個儲存格(C9)，填滿套用函數

因為答案已依序輸入在 工作表2 中，使用填滿方式複製函數，答案也會一一對應。

4 答對題數統計 - COUNTIF 統計函數

用【COUNTIF】統計函數，可以針對設定的條件來做計算。讓我們用它來自動算出答對的題數有幾題吧！

插入【COUNTIF】函數與設定

❶ 點選 C11 儲存格

【COUNTIF】從字面上來看，COUNT 和 IF 就是指條件的計數。

COUNT + IF = COUNTIF
  ↓   ↓
 計數   條件
         ↓
條件可以是數字或文字喔！

❷ 在【公式】標籤下，按【其他函數】，點選【統計 / COUNTIF】

本節練習要完成的設定值

COUNTIF 函數的引述視窗：

欄位1	Range	指定要計算的儲存格範圍	C4:C9
欄位2	Criteria	指定要計數的條件	答對了！好棒！

3 在第一欄，拖曳選取 C4 ~C9 儲存格

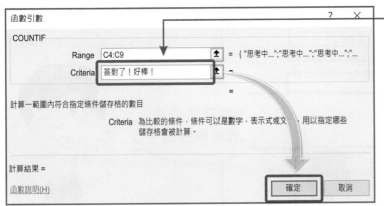

4 第二欄輸入【答對了！好棒！】，然後按【確定】

因要計算答對題數，所以輸入答對了！好棒！時，注意輸入的文字內容要一模一樣，才會被計算到。

就算只少一個【！】或只是變更標點符號的半形/全形都不行喔！

5 這樣就完成統計答對題數的設定囉！

已經完成 IF 與 COUNTIF 函數設定！接著再完成【得分】的公式輸入，這份測驗遊戲就大功告成囉！

得分統計 - 乘法公式

答對一題得10分，針對答對題數，用【乘法】公式來計算得分吧！

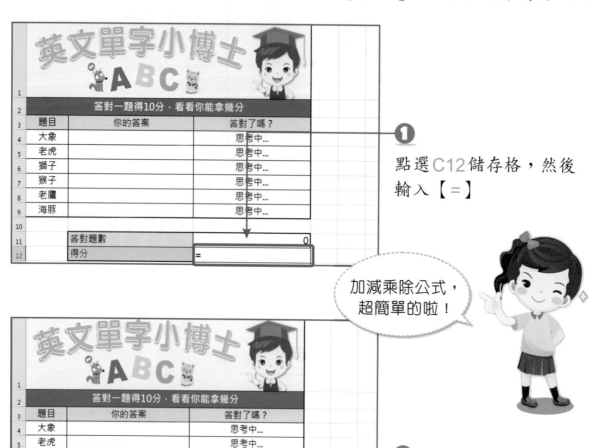

❶ 點選C12儲存格，然後輸入【＝】

加減乘除公式，超簡單的啦！

❷ 接著點選C11儲存格

❸ 然後再輸入【*10】，按 Enter 確定

答對一題得10分，看看你能拿幾分		
題目	你的答案	答對了嗎？
大象		思考中...
老虎		思考中...
獅子		思考中...
猴子		思考中...
老鷹		思考中...
海豚		思考中...
答對題數		0
得分		0

❹ 目前答對題數是 0，所以得分當然也是 0 囉！

題目	你的答案	答對了嗎？
大象		思考中...
老虎	Tiger	答對了！好棒！
獅子		思考中...
猴子		思考中...
老鷹		思考中...
海豚		思考中...
答對題數		1
得分		10

❺ 試著輸入答案，若正確，會出現答對了！好棒！、答對題數+1、得分也會 x10

題目	你的答案	答對了嗎？
大象		思考中...
老虎	Tiger	答對了！好棒！
獅子	Lieo	答錯了！再想想吧！
猴子		思考中...
老鷹		思考中...
海豚		思考中...
答對題數		1
得分		10

❻ 試著輸入答案，若錯誤，會出現答錯了！再想想吧！、而答對題數與得分則不會有變動喔！

❼ 練習到這裡，這份測驗遊戲就完成囉！

刪除已輸入的答案，然後另存新檔，將成果儲存起來吧！
(命名為【08-英文單字測驗遊戲】)

懂更多　雲端硬碟與Google試算表

【Google 雲端硬碟】是 Google 雲端服務之一。不僅能透過各種裝置，隨時隨地存取，跟朋友分享檔案資料。更棒的是，還能夠在線上直接做試算表編輯！超方便！

【Google 雲端硬碟】整合了眾多的雲端服務 (例如：Google 試算表、文件、簡報、地圖、協作平台...)，只要一組帳號，就可使用所有雲端服務喔！

上傳檔案或資料夾

上傳資料夾與檔案到雲端硬碟中

分享檔案與共用資料夾

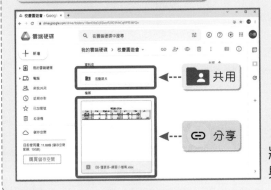

編輯試算表與下載

在雲端硬碟開啟上傳的 Excel 檔案或新增 Google 試算表來編輯。(編輯完成,還可以下載回電腦喔!)

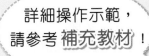 共用

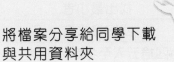 分享

詳細操作示範,請參考 補充教材!

將檔案分享給同學下載與共用資料夾

 我 是 高 手　猜國字遊戲

開啟本課【08-猜國字遊戲.xlsx】,試著完成所需的公式,讓它變成互動問答遊戲吧!

自己設計題目更酷喔!

國字猜猜猜

猜對一題得10分,看看你能得幾分?

題目	答案	答對了嗎?
鼠頭虎尾		發呆中...
一家有四口,還養一條狗		發呆中...
與我同行		發呆中...
十個哥哥		發呆中...
金木水火		發呆中...
禮義廉恥		發呆中...

答對了幾題?	0
得分	0

示範參考

常見公式中使用的計算運算符號

運算符號	意義
+	加法
-	減法、負
*	乘法
/	除法
%	百分比
^	乘冪 (例：3^2)

運算符號	意義
=	等於
>	大於
<	小於
>=	大於或等於
<=	小於或等於
<>	不等於

運算符號	意義
:	範圍運算符號，包含這兩個位址之間所有的儲存格 (例：B3：B15)
,	聯合運算符號，可將多個位址結合 (例：SUM(A3,B2,B8,C5))

常見的數值函數

函數	功能	範例 (或語法)
SUM	加總運算其總合	=SUM(A1,B1,C1,D1)
AVERAGE	計算平均值	=AVERAGE(A1,B1,C1,D1)
MIN	找出最小者	=MIN(A2,B2,C2,D2)
MAX	找出最大者	=MAX(A1,A2,A3,A4)
ROUND	四捨五入至指定的位數	語法：ROUND(數值,指定的位數)
COUNTA	計算非空白資料的筆數	=COUNTA(A1：A10)
COUNT	計算含有數字資料的筆數 (非數字資料不計入)	=COUNT(A1：G1)

常見的邏輯函數

函數	功能	範例 (或語法)
IF	判斷條件式真假值以進行各種作業	=IF(A4<60,"不及格","及格") 語法：IF(條件式,TRUE回傳值, FALSE回傳值)
COUNTIF	計算資料範圍中符合條件的非空白資料個數	=COUNTIF(A1:A8,"答對了!好棒!") 語法：COUNTIF(資料範圍,準則條件)
AND	判斷所有邏輯值均為TRUE才回傳TRUE	=AND(A1>1,A1<60)
OR	判斷所有邏輯值只要有一個TRUE就回傳TRUE	=OR(A1>80,A1<20)

( )① 下面哪個不是 IF 函數的組成元素？

　　1.條件式　　　　2.回傳值　　　　3.關鍵字

( )② IF 是屬於哪種函數？

　　1.統計函數　　　2.邏輯函數　　　3.假如函數

( )③ COUNTIF 是屬於哪種函數？

　　1.統計函數　　　2.資訊函數　　　3.邏輯函數

( )④ COUNTIF 可以計算數字或文字的？

　　1.個數　　　　　2.筆畫　　　　　3.大小

同學！記得到【動畫測驗遊戲】來驗收學習成果喔！

　　　　　　　　　　□ 我通過測驗了！

練習至此，學會各式各樣的試算表編輯，其實一點都不難喔！
一起來成為試算表達人吧！加油！

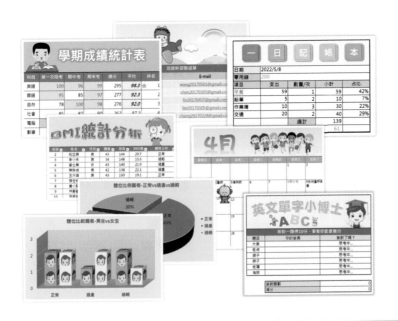

報告老師！

我學會Excel了！

Excel 2019 試算表我也會

作　　者：小石頭編輯群・夏天工作室
發 行 人：吳如璧
出 版 者：小石頭文化有限公司
　　　　　Stone Culture Company
地　　址：臺北市內湖區康寧路三段22-1號2樓
電　　話：(02) 2630-6172
傳　　真：(02) 2634-0166
E - mail： stone.book@msa.hinet.net
郵政帳戶：小石頭文化有限公司
帳　　號：19708977

圖書編號：SA43
ISBN：978-626-95017-2-4

致力於環保，本書原料和生產，均
採對環境友好的方式：
・日本進口無氯製程的生態紙張
・Soy Ink 黃豆生質油墨
・環保無毒的水性上光

國家圖書館出版品預行編目(CIP)資料

定價 249 元 ・ 2022 年 04 月　初版

Excel 2019 試算表我也會
小石頭編輯群・夏天工作室 編著
-- 臺北市：小石頭文化，2022 .04
　　　面；　公分
　ISBN 978-626-95017-2-4 (平裝)
1.CST：電腦教育　　3.CST：中小學教育
2.CST：Excel (電腦程式)
523.38　　　　　　　　　111003992

書局總經銷：
聯合發行股份有限公司
電話：(02) 2917-8022

學校發行：
校園文化事業有限公司
電話：(02) 2659-8855

零售郵購：
服務專線：(02) 2630-6172